Maria Baronin von Meyern-Hohenberg

KOCHBUCH FÜR MEINE TÖCHTER

Tre Torri

„Kurz diktiert!
Selbst ausprobiert!
Die Rezepte sind für vier,
ich wünsch'
dies wird Ihr Kochbrevier."

Maria Baronin von Meyern-Hohenberg

❦ INHALT ❦

VORWORT	4
SUPPEN	9
COCKTAILHAPPEN	37
VORSPEISEN	47
SAUCEN	83
ZWISCHENGERICHTE	113
SALATE	143
GEMÜSE	165
BEILAGEN	197
FISCH	217
GEFLÜGEL	237
FLEISCH	249
INNEREIEN	289
WILD	305
MEHLSPEISEN	315
NACHSPEISEN	341
KUCHEN	355
TORTEN	373
GEBÄCK	383
EIS & KONFITÜREN	399
REZEPTE NACH KAPITELN	416
REZEPTVERZEICHNIS	422
LEGENDEN	428

VORWORT

Unsere Mutter liebte das Kochen und die Gastfreundschaft. Schon als Sechsjährige veranstaltete sie in Rieden, unserem geliebten Ferienhaus in Tirol, „Teegesellschaften", zu denen sie ihre Lieblingstanten und -cousinen einlud. Es gab auf Grashalme aufgespießte, selbst gesammelte Waldbeeren und Tee aus den Pfefferminzblättern, die am Riedener Bach wuchsen. In Rieden entstand dann auch 1952 ihre Idee, eine kleine Kochschule aufzumachen. Als Vorbild nahm sie sich eine berühmte Münchner Kochschule, die um die Jahrhundertwende fast alle „höheren Töchter" der guten Gesellschaft zu brillanten Hauswirtschafterinnen ausgebildet hatte.

Entgegen unserer skeptischen Erwartungen fand der erste Kochkurs unsere Mutter wirklich im darauffolgenden Oktober statt. Sie hatte die Tanzstunden-Mütter vom Drachenfels der Tanzschule Peps Valenci, Frau Heldrich, Frau Moll, Frau Wannieck und Frau Niehaus dazu gewonnen. Sie präsentierte den Damen zuerst das geplante Menü, diktierte die entsprechenden Rezepte samt praktischen Hinweisen und ließ die Teilnehmerinnen dann ein zu kochendes Gericht auswählen. Die Wagemutigen wählten auch zwei oder mehr Kochaufgaben. Unsere Mutter steigerte während des dreiwöchigen Kurses die Anforderungen täglich. Begonnen wurde zum Beispiel mit der einfachen Sauce Béchamel und der spanischen Grundsoße, die Ansprüche wurden aber höher geschraubt bis zur Sauce hollandaise und zur Sauce béarnaise. Einfache Gratins und Aufläufe gab es in der ersten Woche, Soufflés und Omelette surprise erst in der letzten. Dabei war unsere Mutter eine ziemlich geduldige und konsequente Lehrerin, die ihr Herz allen Teilnehmerinnen und deren persönlichen Sorgen öffnete, gerade denen junger Bräute, die später die Hauptgruppe ihrer Schülerinnen bildeten.

Im Laufe der Zeit gewann die Mutter an Routine und Freude am fertiggestellten Essen. Es war ein Spaß für sie, unsere damaligen Freunde zum Reste-Abendessen einzuladen. Sie hatte kleine Tabletts besorgt, die man in die Hand gedrückt bekam, um sie mit einem Teller zu bestücken und das jeweilige Reste-Mahl in der kleinen Küche selber zusammenzustellen. Im Salon der Wohnung in der Kopernikusstraße fand so zum Vergnügen aller Teilnehmer eine Abend-Mensa auf hohem Niveau statt.

Naturgemäß verließen wir im Laufe der Jahre eine nach der anderen die vertraute Wohnung und gründeten unsere eigenen Heime und Familien in Mainsondheim, Bayrischzell und Thurn. Die Kopernikusstraße blieb aber unser gemeinsamer Treffpunkt. 1969 stellte die Mutter ihr Kochbuch mit den wohlerprobten Rezepten aus den Kochkursen vor. Sie hatte alle ihre Freunde, viele ehemalige Kochschüler und uns Töchter samt Familien eingeladen, um uns mit einem ihrer Lebenswerke bekannt zu machen – auf meinen Vorschlag hin hatte sie es „Kochbuch für meine Töchter" genannt.

Wir entnehmen bis heute einen Großteil unseres Wissens daraus und sind dankbar dafür.

Ihre

Steffi Bechtolsheim

Riedener Haus in Tirol

⚜ SUPPEN ⚜

LEBERKNÖDELSUPPE

Rinderleber durch die feine Scheibe eines Fleischwolfs drehen oder in einer Küchenmaschine sehr fein hacken. Die Brötchen in kleine Würfel schneiden. Milch mit Butter erwärmen, bis die Butter geschmolzen ist. Die Butter-Milch-Mischung über die Brötchenwürfel gießen, gut vermengen und ca. 10 Minuten ziehen lassen. Die Zwiebel schälen, würfeln und in der Butter glasig anschwitzen, anschließend leicht abkühlen lassen. Leber, Eier, Zitronenabrieb und Zwiebelwürfel zugeben. Mit Salz, Pfeffer und Majoran würzen und alles gut miteinander vermengen. Mit angefeuchteten Händen gleichmäßige Knödel formen und in ausreichend siedender Fleischbrühe ca. 20 Minuten gar ziehen lassen.

400 g gehäutete Rinderleber

6–8 Brötchen vom Vortag

225 ml Milch

50 g Butter

1 Zwiebel

1 TL Butter

2 Eier

Abrieb von 1 unbehandelten Zitrone

Salz, Pfeffer

getrockneter Majoran

Fleischbrühe

CHAMPIGNONCREMESUPPE

Die Champignons putzen und in dünne Scheiben schneiden. Das Wasser mit 1 kräftigen Prise Salz, Zitronensaft und den Champignons aufkochen und ca. 5 Minuten kochen. Butter zerlassen und Mehl einrühren. Mit der Champignonbrühe aufgießen und unter Rühren aufkochen, bis die gewünschte Konsistenz erreicht ist. Die Petersilie unterrühren. Das Eigelb in der Sahne anrühren und in die heiße Suppe geben, damit die Suppe vollständig bindet. Die Suppe darf nicht mehr kochen, sonst gerinnt das Eigelb. Mit Salz und Pfeffer abschmecken.

125 g Champignons

600 ml Wasser

Salz

2 EL Zitronensaft

30 g Butter

3 EL Mehl

1 EL gehackte Petersilie

1 Eigelb

50 ml Sahne

Pfeffer

GAZPACHO

Paprikaschoten waschen und entkernen. Die Tomaten waschen und entstrunken. Zwiebeln und Knoblauch schälen. Alles grob klein schneiden, in einer Küchenmaschine pürieren und durch ein feines Sieb passieren. Die Flüssigkeit mit Sahne aufgießen und mit Salz sowie Pfeffer abschmecken. Die Suppe im Gefrierfach kalt stellen. Weißbrot in Würfel schneiden und diese in Butter rösten. Die gekühlte Suppe mit den warmen Brotwürfeln bestreut servieren.

2 rote Paprikaschoten

750 g Tomaten

2 Zwiebeln

2 Knoblauchzehen

250 ml Sahne

Salz, Pfeffer

2 Scheiben Weißbrot

1 EL Butter

*v.l.n.r. Felix Spiegel, Tante Clärchen, Maisi, Thomas Cornides;
Brautsoirée im Bayerischen Hof 1967*

BLUMENKOHLSUPPE

Blumenkohl in kochendem Salzwasser mit Zitronensaft ca. 25 Minuten kochen. Butter zerlassen und Mehl einrühren. Mit der Blumenkohlbrühe (ca. 1 l) aufgießen und unter Rühren aufkochen, bis die gewünschte Konsistenz erreicht ist. Blumenkohl in Röschen teilen und zugeben. Das Eigelb in der Sahne anrühren und in die heiße Suppe geben, damit die Suppe vollständig bindet. Die Suppe darf nicht mehr kochen, sonst gerinnt das Eigelb. Mit Salz, Pfeffer und Muskat abschmecken. Liebstöckel waschen, trocken schütteln und die Blättchen fein hacken. Die Suppe damit bestreut servieren.

1 Blumenkohl
Salz
1 EL Zitronensaft
25 g Butter
2 EL Mehl
1 Eigelb
100 ml Sahne
Pfeffer
Muskat
2 Stängel Liebstöckel

LAUCHSUPPE

Lauch putzen, waschen und in dünne Scheiben schneiden. In kochendem Salzwasser mit Zitronensaft ca. 10 Minuten kochen. Butter zerlassen und Mehl einrühren. Mit der Lauchbrühe aufgießen und unter Rühren aufkochen, bis die gewünschte Konsistenz erreicht ist. Das Eigelb in der Sahne anrühren und in die heiße Suppe geben, damit die Suppe vollständig bindet. Die Suppe darf nicht mehr kochen, sonst gerinnt das Eigelb. Mit Salz, Pfeffer und Muskat abschmecken.

1 Stange Lauch

Salz

1 EL Zitronensaft

25 g Butter

2 EL Mehl

1 Eigelb

50 ml Sahne

Pfeffer

Muskat

KARTOFFELSUPPE

Kartoffeln schälen, waschen und klein schneiden. Suppengrün putzen, waschen, gegebenenfalls schälen und klein schneiden. Die Zwiebeln schälen und in Würfel schneiden. Suppengrün und Zwiebelwürfel in einem Topf in Butter andünsten. Die Kartoffeln zugeben, mit dem Wasser aufgießen und kräftig salzen. Aufkochen und bei geringer Hitze ca. 30 Minuten kochen, bis die Kartoffeln weich sind. Die Suppe durch ein feines Sieb passieren oder mit einem Stabmixer pürieren. Mit Salz, Pfeffer, Zitronensaft und einigen Tropfen Worcestersauce abschmecken. Die Suppe wird mit den Speckwürfeln und den Kräutern bestreut.

6 mehligkochende Kartoffeln

1 Bund Suppengrün

2 Zwiebeln

1 EL Butter

1 l Wasser

Salz, Pfeffer

1 EL Zitronensaft

Worcestersauce

60 g Speckwürfel

1 EL Schnittlauchröllchen

oder gehackte Petersilie

KERBELSUPPE

Kerbel waschen, trocken schütteln und mit den feinen Stängeln hacken. Die Zwiebel schälen und in kleine Würfel schneiden. Die Butter in einem Topf zerlassen und Kerbel sowie Zwiebelwürfel darin andünsten. Mit dem Mehl bestäuben und mit der Gemüsebrühe aufgießen. Aufkochen, bei mittlerer Hitze ca. 5 Minuten kochen und mit Salz sowie Zitronensaft abschmecken. Zum Schluss mit der Sahne verfeinern.

50 g Kerbel

1 Zwiebel

1 EL Butter

2 EL Mehl

1 l Gemüsebrühe

Salz

1 EL Zitronensaft

100 ml Sahne

Maisi und Franz

GRIESSNOCKERLSUPPE

Die Butter in einem Topf zerlassen und unter ständigem Rühren abwechselnd Grieß sowie Eier unterrühren. Die Masse mit 1 Prise Salz sowie Muskat würzen. Mithilfe von zwei angefeuchteten Teelöffeln kleine Nockerln abstechen und diese in einem Topf in siedender Brühe ca. 20 Minuten gar ziehen lassen. Nockerl mit der Brühe servieren.

40 g Butter

60 g Grieß

2 Eier

Salz

Muskat

Gemüse- oder Fleischbrühe

GULASCHSUPPE

Das Fleisch in gleichmäßige Würfel schneiden. Die Zwiebeln schälen, halbieren und in Scheiben schneiden. Das Butterschmalz in einem Topf zerlassen und das Fleisch sowie die Zwiebeln darin kräftig anbraten. Mit Salz, Pfeffer und Paprikapulver würzen. Mit dem Wasser aufgießen. Nach Belieben die Kartoffel hinein reiben, sie sorgt für die Bindung. Aufkochen und bei geringer Hitze ca. 2 Stunden schmoren. Nach Ende der Garzeit die Sahne zugießen und das Gulasch mit Salz, Pfeffer, einigen Spritzern Worcestersauce, Ketchup oder Sherry bzw. Madeira abschmecken.

500 g Rindfleisch (z.B. aus der Schulter)

2 Zwiebeln

1 EL Butterschmalz

Salz, Pfeffer

1 TL edelsüßes Paprikapulver

500 ml Wasser

1 geschälte Kartoffel, nach Belieben

100 ml Sahne

Worcestersauce

1 EL Tomatenketchup, Sherry oder Madeira

LEBERSPÄTZLESUPPE

Rinderleber durch die feine Scheibe eines Fleischwolfs drehen oder in einer Küchenmaschine sehr fein hacken. Semmelbrösel, Eier und Majoran unterrühren und mit Salz, Pfeffer und Muskat würzen. Die Masse durch ein Spätzlesieb oder eine Presse in ausreichend siedende Brühe drücken und ca. 5 Minuten gar ziehen lassen.

200 g gehäutete Rinderleber

3 EL Semmelbrösel

2 Eier

1 TL getrockneter Majoran

Salz, Pfeffer

Muskat

Gemüse- oder Fleischbrühe

*Tante Madeleine, Mum, Tante Opinchen;
Brautsoirée im Bayerischen Hof, 1967*

HÜHNERCREMESUPPE

Suppengrün putzen, waschen, gegebenenfalls schälen und klein schneiden. Zusammen mit dem Brathuhn und Salz in einen Topf geben. Mit so viel Wasser aufgießen, dass das Huhn bedeckt ist. Aufkochen und bei mittlerer Hitze ca. 40 Minuten kochen. Anschließend die Brühe durch ein Sieb gießen. Das Hühnchenfleisch von den Knochen lösen und klein schneiden. In einem Topf die Butter zerlassen, unter Rühren das Mehl zugeben und nach und nach mit so viel Hühnerbrühe aufgießen, bis die gewünschte Konsistenz erreicht ist. Das Hühnchenfleisch unterrühren und mit der Sahne verfeinern. Mit Salz, Pfeffer, Zitronensaft und Worcestersauce abschmecken. Nach Belieben mit dem Eigelb abbinden, dann darf die Suppe aber nicht mehr kochen.

1 Bund Suppengrün

1 Brathuhn

Salz

30 g Butter

2–3 EL Mehl

100 ml Sahne

Pfeffer

1–2 EL Zitronensaft

1 Eigelb, nach Belieben

OCHSENSCHWANZSUPPE

Ochsenschwanz putzen, waschen und in Stücke schneiden. Suppengrün putzen, waschen, gegebenenfalls schälen und klein schneiden. Zwiebel schälen und klein schneiden. Die Butter in einem Topf zerlassen und die Zwiebel darin andünsten. Mit Weißwein aufgießen und die Flüssigkeit langsam einkochen. Mit dem Wasser aufgießen und weitere 3 Stunden bei geringer Hitze köcheln. Dann das Fleisch herausnehmen, vom Knochen lösen, klein schneiden und wieder in die Brühe geben. Lorbeerblatt und Nelke zugeben, mit Sherry verfeinern und weitere 3 Minuten kochen. Gewürze entfernen, nochmals abschmecken und servieren.

500 g Ochsenschwanz
1 Bund Suppengrün
1 Zwiebel
1 EL Butter
400 ml trockener Weißwein
900 ml Wasser
1 Lorbeerblatt
1 Gewürznelke
Sherry

Gottfried Stauffenberg, Ruppi und Caroline Bechtolsheim; Thurn 1968

SPINATSUPPE

Spinat waschen, trocken schleudern und fein hacken. Die Zwiebel schälen und klein hacken. Die Butter in einem Topf zerlassen, die Zwiebel darin anschwitzen, den Spinat portionsweise zugeben und zusammenfallen lassen. Alles mit dem Mehl bestäuben, mit Brühe aufgießen, bis die gewünschte Konsistenz erreicht ist. Bei geringer Hitze ca. 5 Minuten kochen. Nach Belieben passieren oder pürieren und Sahne zugießen. Mit Salz, Pfeffer, Muskat und Zitronensaft abschmecken.

500 g Spinat

1 Zwiebel

2 EL Butter

2 EL Mehl

Gemüsebrühe

100 ml Sahne

Salz, Pfeffer

Muskat

1 EL Zitronensaft

FRANZÖSISCHE ZWIEBELSUPPE

Die Zwiebeln schälen, halbieren und in feine Scheiben schneiden. Das Butterschmalz in einem Topf zerlassen und die Zwiebelscheiben darin glasig anschwitzen. Mit der Brühe auffüllen. Aufkochen und bei geringer Hitze ca. 10 Minuten kochen. Die Suppe mit Salz, Pfeffer, einigen Spritzern Worcestersauce sowie Zitronensaft abschmecken. Kleine feuerfeste Suppentassen mit Butter einfetten und die Suppe einfüllen. Die Toastscheiben in der Größe der Suppentasse zurechtschneiden und in der Butter in einer Pfanne von beiden Seiten braten. Die Toastscheiben auf die Zwiebelsuppe geben, mit dem Käse bestreuen und im vorgeheizten Backofen bei 160 °C Ober- und Unterhitze ca. 8–10 Minuten gratinieren.

4 mittelgroße Zwiebeln

2 EL Butterschmalz

600 ml Gemüse- oder Fleischbrühe

Salz, Pfeffer

Worcestersauce

1 EL Zitronensaft

Butter zum Einfetten

4 Scheiben Toastbrot

40 g Butter

50 g geriebener Käse

TOMATENCREMESUPPE

Die Tomaten waschen, Blütenansatz herausschneiden und vierteln. Mit 6 Esslöffeln Wasser in einen Topf geben und bei mittlerer Hitze Saft ziehen lassen.
Anschließend durch ein Sieb passieren. In einem Topf die Butter zerlassen, das Mehl einrühren und mit dem passierten Tomatensaft aufgießen. Unter Rühren aufkochen, bis die gewünschte Konsistenz erreicht ist. Mit Salz, 1 Prise Zucker und dem Zitronensaft würzen. Das Lorbeerblatt zugeben und ca. 3 Minuten mitkochen. Das Lorbeerblatt wieder entfernen, die Sahne zugießen und nochmals abschmecken. Mit Parmesan bestreut servieren.

500 g Tomaten

30 g Butter

3 EL Mehl

Salz

Zucker

2 TL Zitronensaft

1 Lorbeerblatt

100 ml Sahne

20 g frisch geriebener Parmesan

SPARGELCREMESUPPE

Butter zerlassen und Mehl einrühren. Mit Spargelwasser aufgießen und unter Rühren aufkochen, bis die gewünschte Konsistenz erreicht ist. Die Spargelspitzen zugeben und bissfest garen. Das Eigelb in der Sahne anrühren und in die heiße Suppe geben, damit die Suppe vollständig bindet. Die Suppe darf nicht mehr kochen, sonst gerinnt das Eigelb. Mit Salz, Pfeffer und Zitronensaft abschmecken.

30 g Butter

3 EL Mehl

800 ml Spargelwasser

200 g Spargelspitzen

1 Eigelb

200 ml Sahne

Salz, Pfeffer

2 TL Zitronensaft

*Hanni, Michaela, Steffi, Christian Ysenburg, Nando Hohenlohe;
Brautsoirée im Bayerischen Hof, 1976*

MARKKLÖSSCHENSUPPE

Das Rindermark mit den Semmelbröseln und den Eiern vermengen. Mit Salz, Pfeffer und Muskat würzen. Aus der Masse kleine Bällchen formen und in ausreichend siedender Fleischbrühe ca. 20 Minuten gar ziehen lassen.

70 g passiertes zerlassenes Rindermark (oder 70 g zerlassene Butter)
70 g Semmelbrösel
2 Eier
Salz, Pfeffer
Muskat
Fleischbrühe

BOUILLABAISSE

Zwiebeln und Knoblauch schälen. Zwiebeln klein schneiden und Knoblauch zerdrücken. Tomaten mit kochendem Wasser überbrühen, häuten, Blütenansatz entfernen und in Stücke schneiden. Das Suppengrün putzen, waschen, gegebenenfalls schälen und in kleine Würfel schneiden. Petersilie und Thymian waschen, trocken schütteln und die Blätter fein hacken. Die Fischfilets säubern, waschen und in nicht zu kleine Stücke schneiden. Mit den vorbereiteten Zutaten, Lorbeerblatt und Orangenschale in einen Topf geben. Mit dem heißen Wasser aufgießen und aufkochen. Bei mittlerer Hitze ca. 5–10 Minuten kochen. Mit Salz, Pfeffer, Safran, Öl und einem Schuss Weißwein abschmecken. Orangenschale und Lorbeerblatt entfernen und servieren.

2 Zwiebeln

2 Knoblauchzehen

2 Tomaten

1 Bund Suppengrün

2 Stängel Petersilie

2 Zweige Thymian

500 g festfleischige Fischfilets,

z. B. von Hecht, Karpfen oder Renke

1 Lorbeerblatt

1 Stück Orangenschale

600 ml heißes Wasser

Salz, Pfeffer

1 Prise Safranpulver

1 EL Öl

trockener Weißwein

POT AU FEU

Das Gemüse putzen, waschen, gegebenenfalls schälen und klein schneiden. Rindfleisch und Huhn waschen und trocken tupfen. Alles in einen Topf mit Wasser und Salz geben, aufkochen und bei mittlerer Hitze kochen. Nach 40 Minuten das Huhn herausnehmen und den Rest bei geringer Hitze weitere 3 Stunden kochen. Das Hühnchenfleisch von den Knochen lösen und klein schneiden. Das fertig gegarte Rindfleisch ebenfalls in Würfel schneiden. Beides wieder zur Suppe geben, salzen, pfeffern und das Lorbeerblatt zugeben. Weitere 5 Minuten kochen. Mit Zitronensaft, Worcestersauce, Sherry und Thymian verfeinern. Die Tomaten waschen, Blütenansatz entfernen und vierteln. Die Tomaten kurz vor dem Servieren in die heiße Suppe geben.

1 Zwiebel

½ Knollensellerie

3 Kartoffeln

1 Stange Lauch

4 Karotten

500 g Rindfleisch aus der Schulter

1 Hühnchen

1 l Wasser

Salz, Pfeffer

1 Lorbeerblatt

2 EL Zitronensaft

Worcestersauce

Sherry

2 EL gehackter Thymian

2 Tomaten

ERBSENSUPPE

Suppengrün putzen, waschen, gegebenenfalls schälen und klein schneiden. Die Erbsen waschen und in dem Wasser mit Salz und Suppengrün ca. 1 Stunde kochen. Die Suppe passieren mit Salz, Pfeffer und einem Schuss Essig abschmecken. Die Suppe mit den Speckwürfeln oder den klein geschnittenen Würstchen und Liebstöckel bestreut anrichten.

1 Bund Suppengrün

250 g frische gelbe Erbsen

1 l Wasser

Salz, Pfeffer

Weißweinessig

100 g gebratene Speckwürfel oder 2 Wiener Würstchen

3 Stängel gehackter Liebstöckel

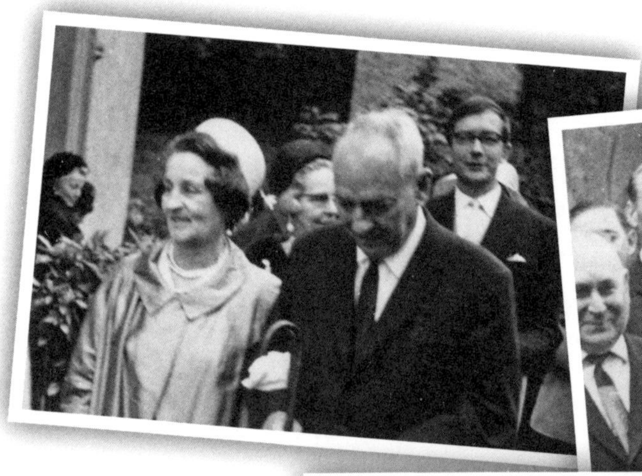
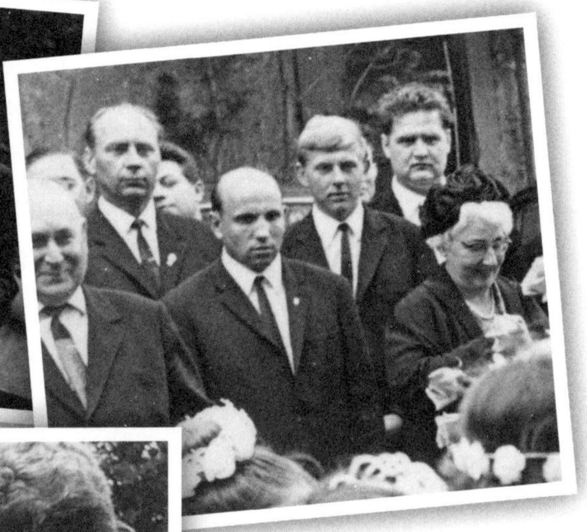
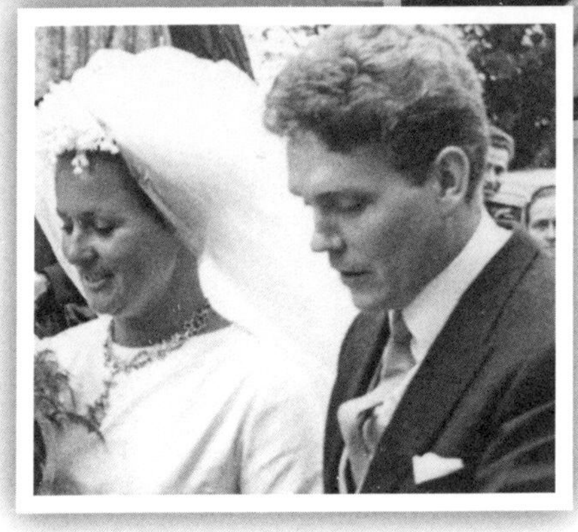

COCKTAILHAPPEN

MALAKOFF

Für den Teigansatz das Mehl in eine Schüssel sieben und in die Mitte eine Mulde drücken. Die Hefe hineinbröckeln und nur die Hefe mit etwas lauwarmem Wasser verrühren. Zugedeckt an einem warmen Ort ca. 10 Minuten gehen lassen. Dann Kümmel zugeben, salzen und mit dem Wasser zu einem geschmeidigen Teig verkneten. Den Teig in eine eingeölte Dose oder eine kleine gefettete Kastenform füllen und im vorgeheizten Backofen bei 180 °C Ober- und Unterhitze ca. 30–35 Minuten backen. Dann aus der Form stürzen und auskühlen lassen. Das Brot in Scheiben aufschneiden, diese mit der Butter bestreichen und das Brot wieder zusammensetzen.

Hefeteig

250 g Mehl

20 g frische Hefe

1 TL gemahlener Kümmel

Salz

200 ml lauwarmes Wasser

Öl zum Einfetten

Belag

Petersilien- oder Sardellenbutter

KLEINE KÄSEWINDBEUTEL

Milch mit Butter in einem kleinen Topf aufkochen. Topf vom Herd nehmen. Mehl auf einmal in die heiße Flüssigkeit geben. Alles mit einem Kochlöffel zu einem glatten Teigkloß verrühren, dann etwa 1 Minute unter ständigem Rühren erhitzen ("abbrennen"). Den Teig in eine Rührschüssel geben, auskühlen lassen, den Käse sowie die Eier nacheinander unterkneten. Mit Salz, Pfeffer und Muskat würzen. In einen Spritzbeutel mit Sterntülle füllen und kleine Häufchen auf ein gefettetes und gemehltes Backblech spritzen. Im vorgeheizten Backofen bei 200 °C Ober- und Unterhitze ca. 15–20 Minuten backen. Nach Belieben mit Schinkenwürfel in Mayonnaise, Garnelen in Mayonnaise oder mit Geflügelsalat bzw. Frischkäsecreme füllen.

150 ml Milch

40 g Butter

60 g Mehl

50 g geriebener Käse

2 Eier

Salz, Pfeffer

Muskat

Butter und Mehl für das Blech

Hochzeit von Michaela und Hanni;
Mainsondheim, 29. Mai 1967

KÄSECREME

Das Zwiebelviertel schälen und sehr fein hacken. Mit Butter und Hüttenkäse verrühren. Mit dem Tomatenketchup rosa einfärben und mit Salz sowie Pfeffer würzen. Die Käsecreme in ein Spritze oder Spritzbeutel füllen und dekorativ auf die kleinen Pumpernickelscheiben spritzen. Jeweils mit 1 Walnusshälfte verzieren.

¼ Zwiebel

30 g weiche Butter

400 g Hüttenkäse

1–2 EL Tomatenketchup

Salz, Pfeffer

1 Päckchen Party-Pumpernickel

100 g Walnusshälften

SCHINKENHÖRNCHEN

Butter, Quark und Mehl zu einem geschmeidigen Teig verkneten. Den Teig zu einer Kugel formen, in Frischhaltefolie wickeln und kalt stellen. In der Zwischenzeit die Füllung zubereiten. Die Sauce Béchamel wie beschrieben zubereiten. Mit Schinkenwürfeln, Sahne, einem Schuss Madeira sowie Pfeffer verfeinern. Den Teig auf einer leicht bemehlten Arbeitsfläche dünn ausrollen. Den Teig in Vierecke schneiden, jeweils ein Häufchen Füllung darauf verteilen und zu Hörnchen aufrollen. Die Hörnchen auf ein mit Backpapier ausgelegtes Backblech legen und mit dem verquirlten Eigelb bestreichen. Im vorgeheizten Backofen bei 180 °C Ober- und Unterhitze ca. 15 Minuten backen. Herausnehmen, vom Blech ziehen und auskühlen lassen.

Teig

100 g weiche Butter

100 g Speisequark

100 g Mehl

Mehl zum Bearbeiten

Füllung

Sauce Béchamel (siehe Seite 84)

150 g Schinkenwürfel

50 ml Sahne

Madeira

Pfeffer

außerdem

1 Eigelb

KÄSETRÜFFEL

Den Hüttenkäse mit dem Frischkäse verrühren und mit Salz und Pfeffer abschmecken. Den Pumpernickel fein hacken bzw. zerbröseln. Den Käse zu gleich großen Kugeln formen und in den Pumpernickelbrösel wälzen. Zahnstocher hineinstecken und servieren.

400 g Hüttenkäse

200 g Kräuterfrischkäse

Salz, Pfeffer

4 Scheiben Pumpernickel

Maisi und Onkel Hubertus Bentzel, 1967

KÄSESTANGEN

Aus den angegebenen Zutaten einen geschmeidigen Teig kneten und diesen auf einer leicht bemehlten Arbeitsfläche dünn ausrollen. Den Teig mit Hilfe eines Teigrads in ca. 10 cm lange und ca. 1½ cm breite Streifen schneiden. Die Teigstreifen auf ein mit Backpapier ausgelegtes Backblech legen und mit dem verquirlten Eigelb bestreichen. Im vorgeheizten Backofen bei 180 °C Ober- und Unterhitze ca. 10 Minuten backen. Herausnehmen, vom Blech ziehen und auskühlen lassen.

80 g weiche Butter

1 Eigelb

125 g Mehl

100 g geriebener Käse

½ TL Salz

½ TL edelsüßes Paprikapulver

außerdem

Mehl zum Bearbeiten

1 Eigelb zum Bestreichen

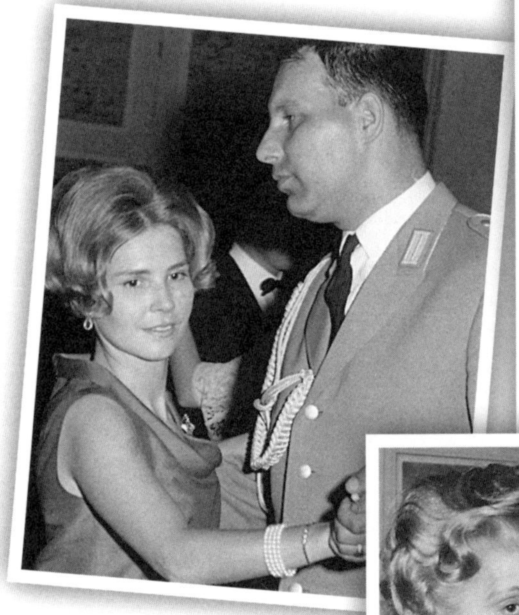
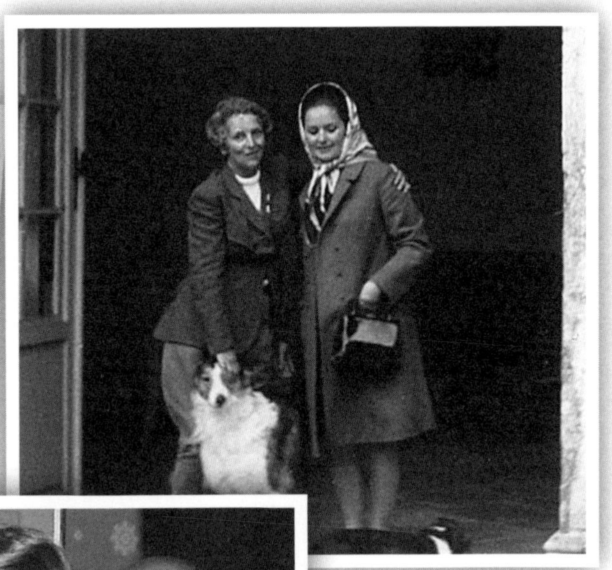
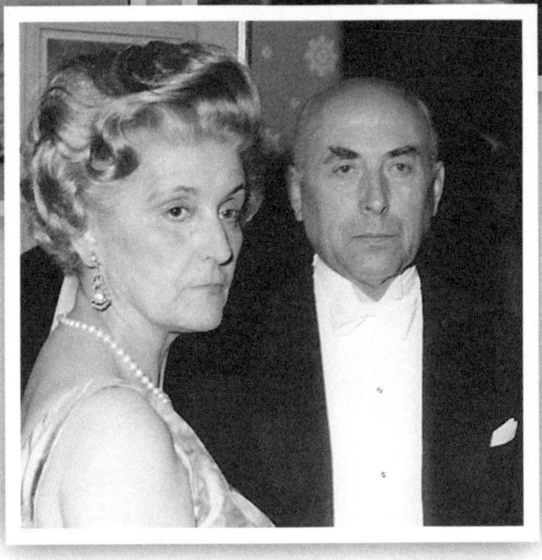

⚜ VORSPEISEN ⚜

PIZZA VARIANTE I

Das Mehl in eine Schüssel geben und eine Mulde hineindrücken. Die Hefe hineinbröckeln, 1 kräftige Prise Salz, Butter und lauwarmes Wasser zugeben und zu einem geschmeidigen Teig verkneten. Den Teig an einem warmen Ort abgedeckt gehen lassen, bis sich das Volumen verdoppelt. Anschließend in beliebig große Portionen teilen. Auf einer bemehlten Arbeitsfläche ausrollen. Die Teigkreise auf gefettete und gemehlte Backbleche legen, dann dünn mit Öl bestreichen. Nach Belieben mit Tomaten- und Mozzarellascheiben belegen. Mit dem Oregano bestreuen, mit etwas Öl beträufeln und im vorgeheizten Backofen bei 180 °C Ober- und Unterhitze ca. 20 Minuten knusprig backen.

Teig

200 g Mehl

20 g frische Hefe

Salz

30 g weiche Butter

125 ml lauwarmes Wasser

Mehl zum Bearbeiten

Butter und Mehl für die Bleche

Öl zum Bestreichen

Belag

Tomaten

Mozzarella

getrockneter Oregano

Öl zum Beträufeln

PIZZA VARIANTE II

Den Pizzateig wie auf Seite 48 beschrieben zubereiten. Den Teig auf einer bemehlten Arbeitsfläche passend für das Blech ausrollen und auf das vorbereitete Blech legen. Mit Tomatenmark bestreichen. Die Champignonscheiben darauf verteilen. Mit Oregano und Basilikum bestreuen und mit Butterkäse bedecken. Mit etwas Öl beträufeln und wie oben beschrieben backen.

Pizzateig (siehe Varinate I)
Mehl zum Bearbeiten
Butter und Mehl für das Blech
1 Tube Tomatenmark
150 g Champignonscheiben
getrockneter Oregano
getrocknetes Basilikum
200 g Butterkäse in Scheiben
Öl zum Beträufeln

Tante Maus und Onkel Berthold Stauffenberg, 1967

SCHINKENSOUFFLÉ

Die Butter in einem Topf zerlassen, das Mehl zugeben und unter ständigem Rühren die Milch zugießen. Aufkochen bis eine cremige Konsistenz entsteht. Die Sauce abkühlen lassen und die Schinkenwürfel untermengen. Die Eier trennen. Das Eiweiß mit 1 Prise Salz steif schlagen. Dann die Eigelbe, Salz, Pfeffer und Muskat unter die Schinkenmasse rühren und zum Schluss das Eiweiß unterheben. Feuerfeste Soufflé-Förmchen mit Butter einfetten und die Masse darauf verteilen. Mit Käse bestreuen und im vorgeheizten Backofen bei 180 °C Ober- und Unterhitze ca. 20 Minuten backen.

25 g Butter

2 EL Mehl

250 ml Milch

200 g rohe Schinkenwürfel

3 Eier

Salz, Pfeffer

Muskat

Butter zum Einfetten

50 g geriebener Käse

KÄSESOUFFLÉ

Die Butter in einem Topf zerlassen, das Mehl zugeben und unter ständigem Rühren die Milch zugießen. Aufkochen bis eine dicke Konsistenz entsteht. Die Sauce auskühlen lassen. Die Eier trennen. Das Eiweiß mit 1 Prise Salz steif schlagen. Die Eigelbe unter die ausgekühlte Sauce rühren und den geriebenen Käse untermengen. Mit Salz, Pfeffer und Muskat würzen. Den Eischnee unterheben. Die Souffléförmchen mit Butter einfetten und die Masse einfüllen. Mit Käse bestreuen und im vorgeheizten Backofen bei 180 °C Ober- und Unterhitze ca. 25 Minuten backen.

40 g Butter

4 EL Mehl

400–500 ml Milch

4 Eier

Salz

120 g geriebener Käse

Pfeffer

Muskat

Butter zum Einfetten

geriebener Käse zum Bestreuen

GEBACKENE CHAMPIGNONS

Ausreichend Öl zum Frittieren erhitzen. Die Champignons putzen, dann durch die verquirlten Eier ziehen und in den Semmelbröseln wenden. Die panierten Champignons portionsweise in dem heißen Öl frittieren. Herausnehmen, auf Küchenpapier abtropfen lassen und warm halten. Mit Salz und Petersilie bestreut servieren.

Öl zum Frittieren

500 g Champignons

2 Eier

Semmelbrösel zum Wenden

Salz

2 EL gehackte Petersilie

CANAPÉS

Die Eier mit Milch, Salz und Pfeffer verrühren. In einer heißen Pfanne in Butter zu Rührei braten. Die Champignons putzen, in Scheiben schneiden und in einer Pfanne in der Butter braten. Mit Zitronensaft beträufeln. Das Mehl darüber stäuben, mit der Sahne aufgießen und aufkochen. Salzen, pfeffern und Petersilie unterrühren.

Für die Canapés ein Backblech mit Butter einfetten und mit Mehl bestäuben. Die Toastscheiben diagonal halbieren und auf dem Blech verteilen. Die eine Seite der Toastdreiecke mit Rührei und die andere Seite mit Champignons belegen.

Zur Trennung der beiden Beläge jeweils eine halbierte Tomatenscheibe in die Mitte setzen und alle Canapés mit Schnittlauch und Käse bestreuen. In dem vorgeheizten Backofen bei 160 °C Ober- und Unterhitze ca. 5–8 Minuten überbacken.

Rührei

4 Eier

50 ml Milch

Salz, Pfeffer

2 TL Butter

Champignons

120 g Champignons

1 EL Butter

2 TL Zitronensaft

1 EL Mehl

150 ml Sahne

Salz, Pfeffer

1 EL gehackte Petersilie

Toast

Butter und Mehl für das Blech

8 Toastbrotscheiben

1 Tomate, in Scheiben

½ Bund Schnittlauch, in Röllchen

100 g geriebener Käse

SARDELLENEIER GRATINIERT

Die Eier schälen, der Länge nach halbieren und die Eidotter herausnehmen. Sardellenfilets sehr fein hacken und mit der Butter sowie den Eidottern zu einer cremigen Masse verrühren. Die Masse dekorativ in die Eihälften füllen und die anderen Eihälften wieder aufsetzen. Die Sauce wie beschrieben zubereiten. Etwas Sauce in eine kleine Auflaufform gießen, die Eier hineinsetzen und mit der restlichen Sauce begießen. Den Käse darauf verteilen und im vorgeheizten Backofen bei 180 °C Ober- und Unterhitze ca. 10–15 Minuten überbacken.

4 hartgekochte Eier
4 Sardellenfilets
50 g weiche Butter
Sauce Mornay (siehe Seite 104)
100 g geriebener Käse

Bessi und Alfred Schrottenberg, Tante Clärchen, Eva und Christoph Mitschke-Collande; Brautsoirée 1967

HERINGSSALAT

Am Tag zuvor die Matjesfilets in ausreichend Mineralwasser legen. Am nächsten Tag herausnehmen, abtropfen lassen und in mundgerechte Stücke schneiden. Die Äpfel waschen, vierteln, Kerngehäuse entfernen und in Streifen schneiden. Eier schälen und klein schneiden. Die Ananasringe ebenfalls klein schneiden. Alle vorbereiteten Zutaten mit den abgetropften Selleriestreifen und Dill vermischen. Die Sahne leicht anschlagen, unterheben und mit Salz, Pfeffer und je einem Spritzer Zitronensaft und Sherry abschmecken.

2 Matjesfilets

Mineralwasser

2 Äpfel

2 hartgekochte Eier

2 Ananasringe

100 g eingelegte Selleriestreifen

1 EL gehackter Dill

200 ml Sahne

Salz, Pfeffer

Zitronensaft

trockener Sherry

KÄSETOASTS

Butter, Käse, Eigelbe, Salz und Paprikapulver zu einer geschmeidigen Masse verrühren. Die Toastscheiben zweimal diagonal halbieren, sodass kleine Dreiecke entstehen und mit der Käsemasse bestreichen. Die Käsedreiecke auf ein mit Backpapier ausgelegtes Blech setzen und im vorgeheizten Backofen bei 160 °C Ober- und Unterhitze ca. 5–8 Minuten überbacken.

50 g weiche Butter

80 g geriebener Käse

2 Eigelb

½ TL Salz

1 Msp. edelsüßes Paprikapulver

4 Toastscheiben

*Steffi, Andrea (gen. Dreia)
und Michaela (gen. Mopsi)*

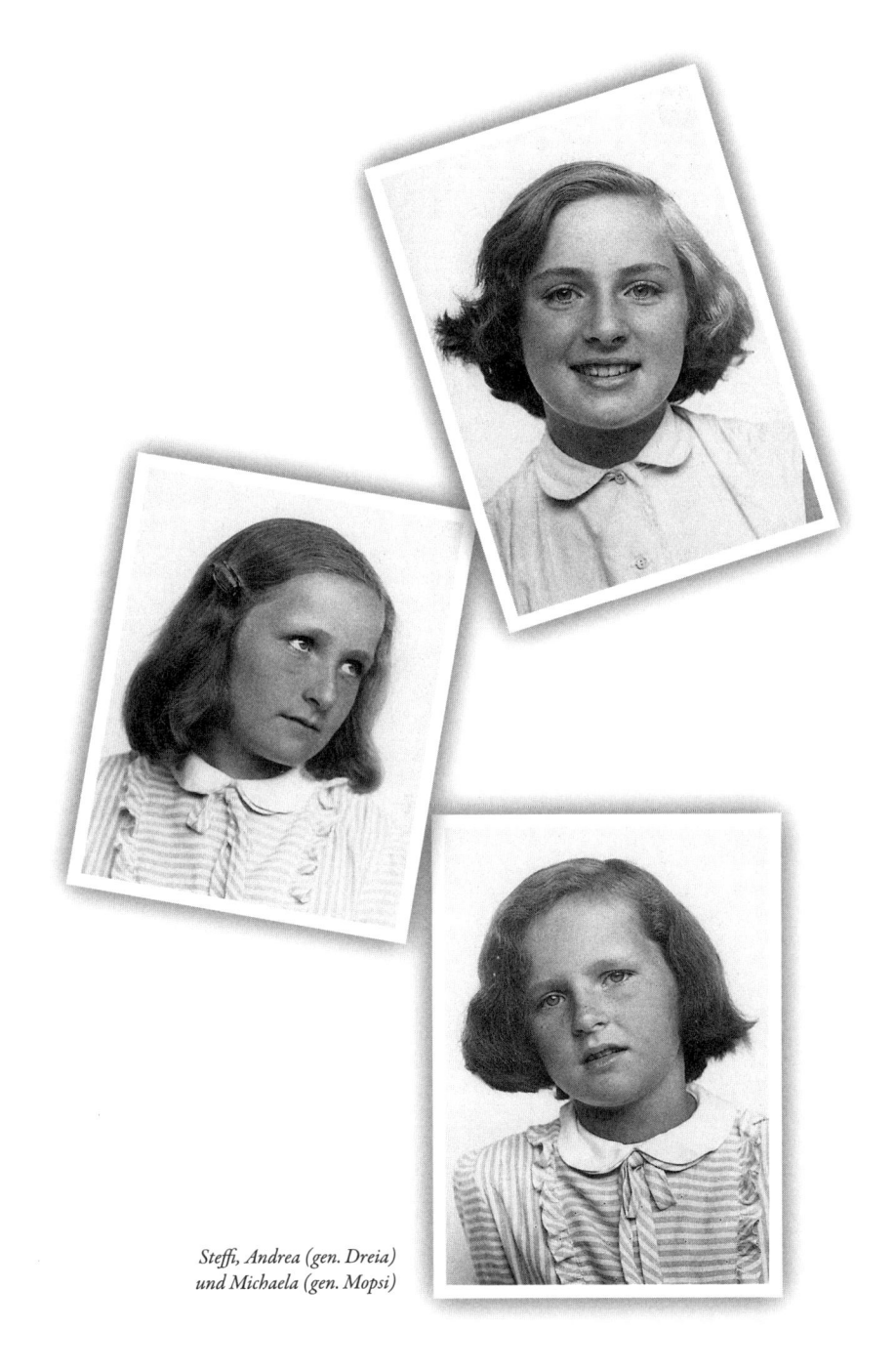

GEBACKENE KRABBENTOASTS

Die Mayonnaise wie beschrieben zubereiten. Die gut abgetropften Cocktailkrabben mit der Mayonnaise und einem Spritzer Zitronensaft vermengen. Die Toastscheiben diagonal halbieren, mit der Krabben-Mayonnaise bestreichen und auf ein mit Backpapier belegtes Backblech setzen. Eiweiß steif schlagen, den Parmesan unterheben und die Masse auf den Toasts verteilen. Im vorgeheizten Backofen bei 180 °C Ober- und Unterhitze ca. 5 Minuten überbacken.

selbst zubereitete Mayonnaise (siehe Seite 101)
oder 250 g Mayonnaise
200 g aufgetaute Cocktailkrabben
Zitronensaft
2 Eiweiß
2 EL fein geriebener Parmesan
6 Toastscheiben

KLEINE SPINATPUDDINGS

Den Spinat auftauen lassen und etwas ausdrücken. Die Sauce Béchamel wie auf Seite 84 beschrieben zubereiten, jedoch mit 25 g Butter. Den Spinat unterrühren und abkühlen lassen. Die Eigelbe unter die ausgekühlte Sauce rühren und mit Salz, Pfeffer und Muskat würzen. Das Eiweiß mit 1 Prise Salz steif schlagen und den Eischnee unter die Spinatmasse heben. Kleine Pudding- oder Souffléförmchen fetten sowie mehlen und mit der Spinatmasse füllen. Die kleinen Förmchen auf dem Herd in ein heißes Wasserbad stellen, mit Alufolie abdecken und darin ca. 20 Minuten stocken lassen. Anschließend stürzen und nach Belieben mit Sauce Mornay (siehe Rezept Seite 104) oder falscher Sauce hollandaise (siehe Rezept Seite 90) servieren.

500 g tiefgeforener, gehackter Spinat

Sauce Béchamel (siehe Seite 84)

3 Eigelb

Salz, Pfeffer

Muskat

4 Eiweiß

Butter und Mehl für die Formen

Sauce Mornay (siehe Seite 104)

oder

falsche Sauce hollandaise (siehe Seite 90)

KLEINE SCHINKENPUDDINGS

Die Sauce Béchamel wie beschrieben zubereiten, jedoch nur mit 10 g Butter. Die weiche Butter schaumig rühren und die Sauce Béchamel sowie die Schinkenwürfel untermengen. Die Masse etwas abkühlen lassen und die Eigelbe unterrühren. Mit Salz, Pfeffer, Muskat und einem Spritzer Madeira abschmecken. Die Masse in gefettete Pudding- oder Souffléförmchen füllen und auf dem Herd im heißen Wasserbad mit Alufolie abgedeckt ca. 20 Minuten stocken lassen. Anschließend stürzen und nach Belieben mit falscher Sauce hollandaise (siehe Rezept Seite 90) servieren.

Sauce Béchamel (siehe Seite 84)

50 g weiche Butter

200 g Schinkenwürfel

2 Eigelb

Salz, Pfeffer

Muskat

Madeira

Butter zum Einfetten

falsche Sauce hollandaise (siehe Seite 90), nach Belieben

KLEINE FLEISCHPUDDINGS

Die Zwiebel schälen, grob hacken und mit dem kleingeschnittenen Fleisch durch einen Fleischwolf drehen oder in einer Küchenmaschine fein hacken. Die Butter schaumig rühren und das Fleisch untermengen. Mit Salz, Pfeffer, Muskat, je einem Spritzer Zitronensaft und Madeira würzen. Thymian, Sahne, Eigelbe sowie Eiweiß unterheben und in gefettete Pudding- oder Souffléförmchen füllen und auf dem Herd im heißen Wasserbad mit Alufolie abgedeckt ca. 20 Minuten stocken lassen. Anschließend stürzen. Nach Belieben bei Hähnchen- oder Kalbfleisch mit Tomatensauce (siehe Rezept Seite 85) oder bei Wildfleisch mit Cumberlandsauce (siehe Rezept Seite 107) servieren.

1 Zwiebel

200 g gekochtes oder gebratenes Fleisch

60 g weiche Butter

Salz, Pfeffer

Muskat

Zitronensaft

Madeira

1 TL gehackter Thymian

100 ml Sahne

2 Eigelb,

1 steifgeschlagenes Eiweiß

Butter zum Einfetten

Schloss Mainsondheim

HÜHNERLEBERPASTETE IN ASPIK

Die Hühnerleber säubern und am Vortag in ausreichend Madeira einlegen und gekühlt ziehen lassen. Am nächsten Tag die Hühnerleber häuten. Den Apfel putzen, klein schneiden und zusammen mit der Hühnerleber und den Speckwürfeln in einer Pfanne unter ständigem Wenden braten. Alles durch die feine Scheibe eines Fleischwolfs drehen oder in einer Küchenmaschine fein pürieren. Eier untermengen und mit Salz, Pfeffer und Zitronensaft würzen. Die Masse in eine gebutterte Form geben und auf dem Herd im heißen Wasserbad abgedeckt ca. 1 Stunde garen.

In der Zwischenzeit den Aspik herstellen, dazu die Fleischbrühe erwärmen. Mit Zitronensaft und Weißwein würzen. Die Gelatine einrühren und auflösen.

Die Fleischbrühe etwa 1 cm hoch in eine mit Frischhaltefolie ausgelegte Terrinenform gießen und fest werden lassen.

Die gegarte Lebermasse abkühlen lassen und auf den ausgelierten Aspikboden in die Form geben. Den restlichen Aspik falls notwendig noch einmal erwärmen und die Hohlräume sowie die Oberseite damit ausgießen. Abkühlen lassen und im Kühlschrank ca. 3–4 Stunden fest werden lassen.

Vor dem Servieren stürzen und die Folie entfernen.

Pastete

400 g Hühnerleber

Madeira

¼ geschälter Apfel

200 g durchwachsene Speckwürfel

2 Eier

Salz, Pfeffer

2 TL Zitronensaft

Butter zum Einfetten

Aspik

500 ml fettlose Fleischbrühe

1 EL Zitronensaft

2 EL trockener Weißwein

6 Blatt Gelatine

HÜHNERLEBER-TERRINE

Am Vortag die Hühnerleber in ausreichend Madeira einlegen und gekühlt ziehen lassen. Am nächsten Tag die Leber herausnehmen, häuten und die schönen Stücke beiseitelegen. Diese mit Salz, Pfeffer und Basilikum würzen.

Das Schweinefleisch waschen, trocken tupfen und grob klein schneiden. Zusammen mit der übrigen Hühnerleber durch einen Fleischwolf drehen oder in einer Küchenmaschine fein hacken. Die Farce mit den Eiern, Sahne, Salz, Pfeffer, Paprikapulver, Muskat, getrockneten Kräutern sowie je einem Spritzer Zitronensaft und Madeira würzen.

Eine Terrinen- oder Kastenform mit den Speckscheiben so auslegen, dass die Scheiben nach dem Einfüllen der Farce die Oberfläche abdecken. Die Hälfte der Farce einfüllen, die gewürzten Leberstücke darauf setzen und mit der restlichen Farce bedecken. Die Speckscheiben überlappend darauf legen, dass die Oberfläche abgedeckt ist. Mit einem Deckel oder Alufolie bedecken und auf dem Herd im heißen Wasserbad ca. 1 Stunde kochen. Die sich sammelnde Flüssigkeit abgießen.

400 g Hühnerleber

Madeira

Salz, Pfeffer

getrockneter Basilikum

400 g mageres Schweinefleisch

2 Eier

ca. 100 ml Sahne

edelsüßes Paprikapulver

Muskat

getrockneter Thymian, Rosmarin und Majoran

Zitronensaft

100 g durchwachsene, geräucherte Speckscheiben

HIRN IN MUSCHELFORM

Das Hirn mit ausreichend kochendem Wasser überbrühen, kurz ziehen lassen und mit einem spitzen Messer aus den Häuten schaben. Die Zwiebel schälen und in kleine Würfel schneiden. Zwiebelwürfel in einem Topf in heißer Butter andünsten, Hirn zugeben und mitdünsten. Mit dem Mehl bestäuben und unter Rühren so viel Brühe angießen, dass eine dicke Püreekonsistenz entsteht. Mit Salz, Pfeffer und Zitronensaft würzen. Die Petersilie untermengen. Muschelformen oder andere kleine Formen mit Butter einfetten. Mit zubereiteter Sauce Mornay übergießen und im vorgeheizten Backofen bei 180 °C Ober- und Unterhitze ca. 10 Minuten gratinieren.

200 g Kalbshirn

1 Zwiebel

1 EL Butter

1 EL Mehl

Fleischbrühe

Salz, Pfeffer

2 TL Zitronensaft

1 EL gehackte Petersilie

Butter zum Einfetten

Sauce Mornay (siehe Seite 104)

Tante Patin und Michaela; Schloss Stetteldorf

Schwimmen im Thurner Schafsweiher mit den Bechtolsheims

KRABBENCOCKTAIL

Die Krabben auftauen lassen. Die Mayonnaise wie auf Seite 101 beschrieben zubereiten. Mit dem Tomatenketchup rosa einfärben und mit je einem Schuss Sherry, Zitronen- und Orangensaft verrühren. Dann salzen und pfeffern. Die Krabben abwechselnd mit der Sauce auf Gläser verteilen.
Die Salatherzen putzen, waschen, trocken schleudern und in feine Streifen schneiden. Die Salatstreifen dekorativ auf den Gläsern verteilen.

200 g tiefgefrorene Cocktailkrabben

selbst zubereitete Mayonnaise (siehe Seite 101)

oder 250 g Mayonnaise

3 EL Tomatenketchup

trockener Sherry

Zitronensaft

Orangensaft

Salz, Pfeffer

1 Romanasalatherz

HECHTKLÖSSE

Hechtfilet waschen, trocken tupfen und in einer Küchenmaschine fein pürieren. Anschließend 10 Minuten in den Kühlschrank stellen. Das sich bildende Wasser abgießen. Das Eiweiß leicht anschlagen und mit Fischfarce und Sahne verrühren. Mit Salz, Pfeffer und Zitronensaft abschmecken. Mithilfe von zwei nassen Esslöffeln kleine Nockerln in ausreichend siedenden Fischfond geben und ca. 20 Minuten darin gar ziehen lassen. Dann mit der zubereiteten Sauce mousseline übergießen und mit der Petersilie bestreut servieren.

400 g rohes Hechtfilet

1 Eiweiß

150 ml Sahne

Salz, Pfeffer

1 EL Zitronensaft

Fischfond

Sauce mousseline (siehe Seite 97)

1 EL gehackte Petersilie

v. l. n. r.: Sebastian Stauffenberg, Kilian Bentzel, Claus Stauffenberg, Benedikt und Stephan Bentzel; Weihnachten, Schloss Thurn 1982

CHAMPIGNON-EIER-SALAT

Champignons putzen und in nicht zu dünne Scheiben schneiden. In einer heißen Pfanne in Öl dünsten, dann auskühlen lassen. Eier schälen, in Scheiben schneiden und mit den Champignons sowie der Mayonnaise vermengen. Mit Salz und Pfeffer abschmecken, kurz ziehen lassen und mit der Petersilie bestreut servieren.

150 g Champignons
1 EL Pflanzenöl
4 hartgekochte Eier
selbst zubereitete Mayonnaise (siehe Seite 101)
oder 250 g Mayonnaise
Salz, Pfeffer
2 EL gehackte Petersilie

SALAT IN MELONE

Die Garnelen auftauen lassen. Von der Melone einen Deckel abschneiden und die Kerne entfernen. Das Fruchtfleisch von der Schale lösen und klein schneiden. Die Banane schälen und klein schneiden. Den Apfel waschen, nach Belieben schälen, Kerngehäuse entfernen und in Streifen schneiden. Die Mayonnaise mit Senf, Ketchup und Petersilie verrühren, die Früchte, Garnelen sowie Petersilie untermengen und in die ausgehöhlte Melone füllen. Den Deckel auflegen und bis zum Servieren kalt stellen.

200 g tiefgefrorene Garnelen

1 Cantaloupe-Melone

1 feste Banane

1 Apfel

selbst zubereitete Mayonnaise (siehe Seite 101)

oder 250 g Mayonnaise

1 TL Senf

1 EL Tomatenketchup

2 EL gehackte Petersilie

Michaela, Schleppjagd; Thurn 1979

HEISSE SCAMPI

Lauch putzen, waschen und in dünne Ringe schneiden. Knoblauchzehen und Zwiebel schälen und fein hacken. In einer Pfanne in Butter und Öl anbraten. Lauch und passierte Tomaten zugeben und mit Salz würzen. Bei mittlerer Hitze ca. 10 Minuten köcheln. Die Scampi untermengen und mit 1 Prise Zucker und Zitronensaft abschmecken. Die Scampi darin gar ziehen lassen. Die Kräuter waschen, trocken schütteln, Blätter abzupfen und fein hacken. Kurz vor dem Servieren die Kräuter untermengen und mit frischem Weißbrot servieren.

1 kleine Stange Lauch

2 Knoblauchzehen

1 Zwiebel

1 EL Butter

1 EL Öl

750 ml passierte Tomaten

Salz

250 g geschälte Scampi

Zucker

1 EL Zitronensaft

2 Stängel Basilikum

1 Stängel Liebstöckel

1 Bund Petersilie

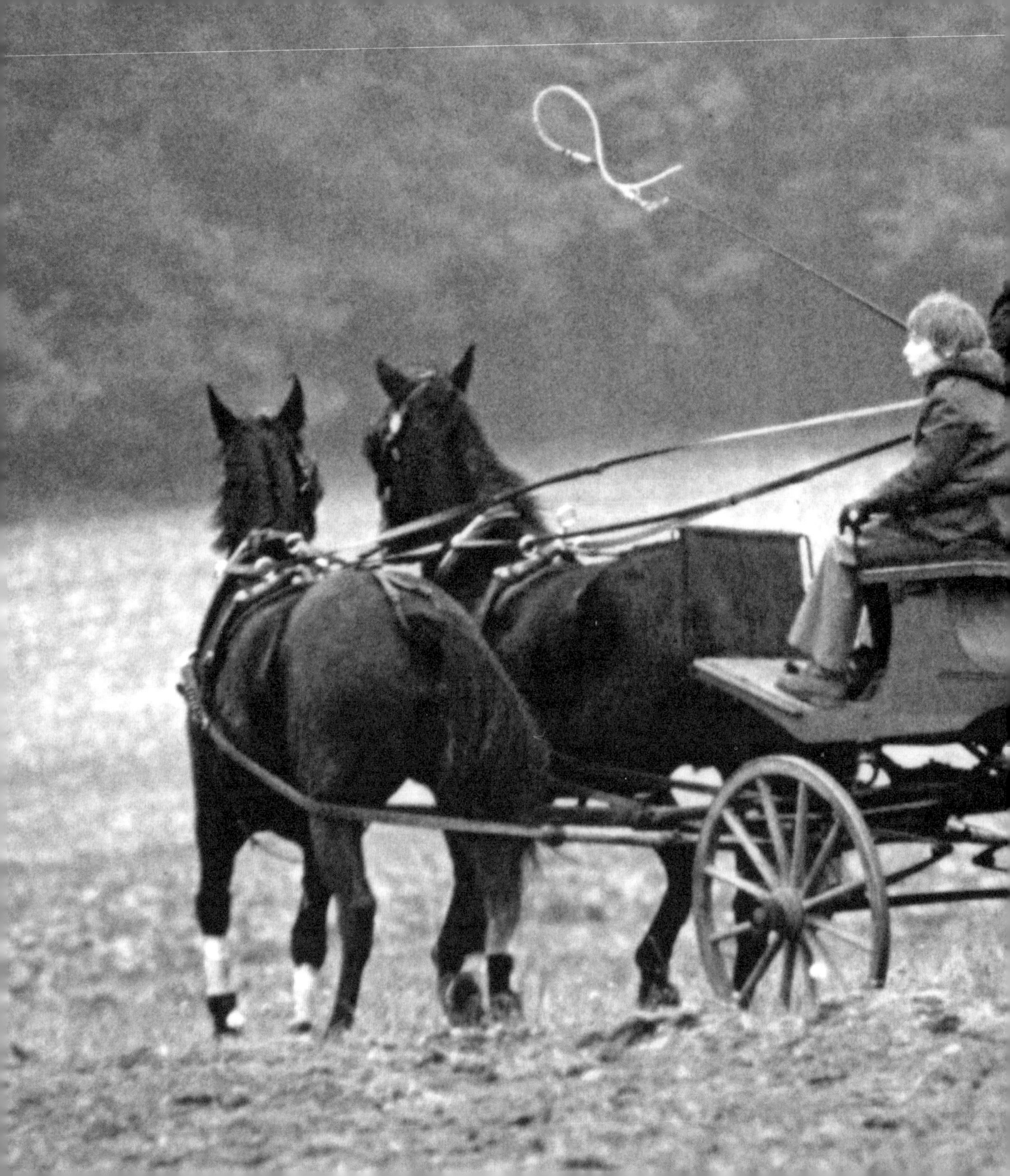

Herr Eger, Kilian, Stephan, Theresa, Maisi und Ruppi Bechtolsheim;
Schleppjagd in Thurn 1976

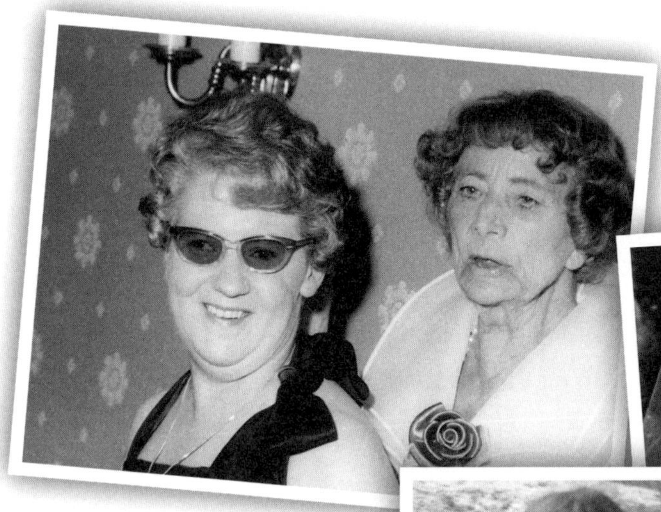

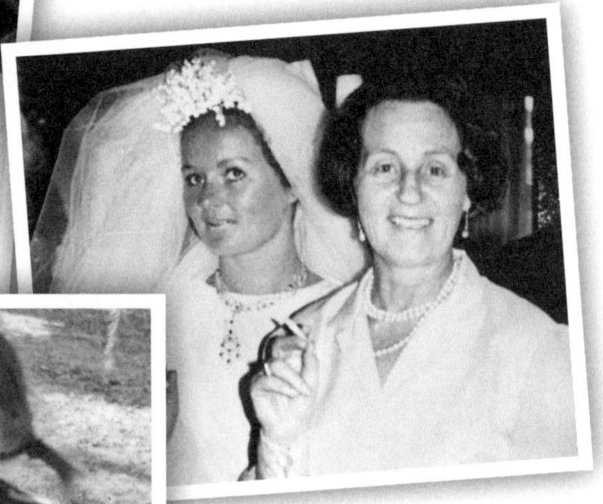

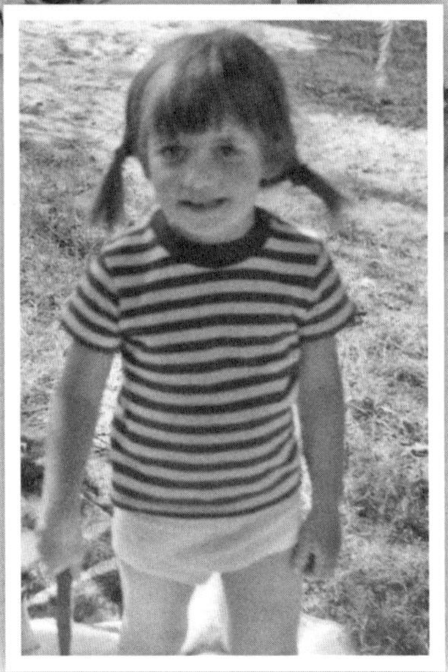

SAUCEN

SAUCE BÉCHAMEL

Die Butter in einem Topf zerlassen. Das Mehl zugeben und unter ständigem Rühren mit kalter Milch aufgießen. Aufkochen bis eine sämige Konsistenz entsteht und mit Salz, Pfeffer und Zitronensaft abschmecken.

25 g Butter

2 EL Mehl

ca. 250 ml Milch

Salz, Pfeffer

1 EL Zitronensaft

SAUCE SUPRÊME

Die Sauce Béchamel wie oben beschrieben zubereiten. Mit dem Eigelb binden und die Sahne einrühren.

Sauce Béchamel (siehe oben)

1 Eigelb

100 ml Sahne

TOMATENSAUCE

Tomaten waschen, Strünke entfernen und vierteln. Mit etwas Wasser in einem Topf bei mittlerer Hitze Saft ziehen lassen. Dann durch ein Sieb passieren. Butter in dem Topf zerlassen, das Mehl einrühren und unter ständigem Rühren den Tomatensaft zugießen. Aufkochen bis eine cremige Konsistenz entsteht. Das Lorbeerblatt zugeben, Sahne zugießen und weitere 2 Minuten kochen, dann das Lorbeerblatt entfernen und die Sauce mit Salz, 1 Prise Zucker und Zitronensaft abschmecken.

500 g Tomaten

25 g Butter

2 EL Mehl

1 Lorbeerblatt

100 ml Sahne

Salz

Zucker

1 EL Zitronensaft

SPANISCHE TOMATENSAUCE

Die Tomaten waschen, Strünke entfernen und vierteln. Zwiebel und Knoblauch schälen und klein schneiden. Tomaten, Zwiebel und Knoblauch mit etwas Wasser in einem Topf bei mittlerer Hitze Saft ziehen lassen. Dann durch ein Sieb passieren. Speisestärke in etwas kaltem Wasser anrühren, in die Tomatensauce einrühren, aufkochen und zur gewünschten Konsistenz binden. Mit Salz, 1 Prise Zucker und Zitronensaft abschmecken.

500 g Tomaten
1 kleine Zwiebel
2 Knoblauchzehen
1 TL Speisestärke
Salz
Zucker
1 EL Zitronensaft

Matthias und Caroline Bechtolsheim

Tante Inge Schönborn, Franz, Steffi Bechtolsheim, Elvira Bodechtel; Rieden

MEERRETTICHSAUCE

Die Sauce Béchamel wie auf Seite 84 beschrieben zubereiten. Mit Meerrettich, Salz, 1 Prise Zucker würzen und abschmecken und die Gemüsebrühe einrühren.

Sauce Béchamel (siehe Seite 84)

3–4 EL frisch geriebener Meerrettich

Salz

Zucker

80 ml Gemüsebrühe

FALSCHE SAUCE HOLLANDAISE

Die Sauce Béchamel wie auf Seite 84 beschrieben zubereiten, jedoch nur mit 10 g Butter. Abwechselnd Sahne und die Butter portionsweise einrühren, aufkochen und bei geringer Hitze mit dem Eigelb binden. Mit Salz, Pfeffer und dem Zitronensaft abschmecken.

Sauce Béchamel (siehe Seite 84)
80 ml Sahne
60 g Butter
1 Eigelb
Salz, Pfeffer
1 EL Zitronensaft

DILLSAUCE

Die falsche Sauce hollandaise zubereiten und den Dill unterrühren.

falsche Sauce hollandaise (siehe Seite 90)
1 Bund gehackter Dill

CURRYSAUCE

Die falsche Sauce hollandaise zubereiten und das Currypulver unterrühren.

falsche Sauce hollandaise (siehe Seite 90)
½ TL Currypulver

ZWIEBELSAUCE

Die Zwiebeln schälen und in feine Würfel schneiden. Die Zwiebelwürfel in einem Topf in der Butter andünsten. Weißwein und Brühe zugießen, aufkochen und die Flüssigkeit auf die Hälfte einkochen. Dann durch ein Sieb passieren. Die Sauce Béchamel einrühren und mit Salz, Pfeffer und 1 Prise Zucker abschmecken.

2 kleine Zwiebeln

1 EL Butter

75 ml trockener Weißwein

75 ml Gemüsebrühe

Béchamelsauce (siehe Seite 84)

Salz, Pfeffer

Zucker

SAUCE HOLLANDAISE

Die Zwiebel schälen und in sehr feine Würfel schneiden. In einem Topf mit Essig und Wasser zur Hälfte einkochen, dann durch ein feines Sieb passieren. Die Flüssigkeit mit den Eigelben verrühren und über einem heißen Wasserbad dicklich cremig aufschlagen. Dann die Butter portionsweise unterschlagen und die fertige Sauce mit Salz und Zitronensaft abschmecken. Falls die Sauce gerinnt, mit einem guten Schuss eiskalter Sahne glatt rühren.

½ sehr kleine Zwiebel

1 EL Essig

2 EL Wasser

2 Eigelb

100 g kalte Butter in Stücken

Salz

1 EL Zitronensaft

evtl. 1 Schuss Sahne

GRATINIERSAUCE

Die Eier mit Sahne und dem geriebenen Käse verrühren. Die Sauce mit Salz und Pfeffer abschmecken. Nach Belieben über das entsprechende Gericht gießen und im Backofen gratinieren.

2 Eier

100 ml Sahne

4 gehäufte EL geriebener Käse

Salz, Pfeffer

SAUCE BÉARNAISE

Die Sauce hollandaise wie beschrieben zubereiten. Den Bratensaft sowie die Petersilie unterrühren.

Sauce hollandaise (siehe Seite 93)

1–2 EL Bratensaft

1 EL fein gehackte Petersilie

Franz Bechtolsheim, Andreas Harting; Mainsondheim

Tante Anni, Mama Fischer, Hartmut Zelinsky

SAUCE MOUSSELINE

Die Sauce hollandaise wie beschrieben zubereiten. Die Sahne steif schlagen und unter die Sauce hollandaise heben.

Sauce hollandaise (siehe Seite 93)
100 ml Sahne

MALTESERSAUCE

Die Sauce hollandaise zubereiten. Mit dem Blutorangensaft verrühren.

Sauce hollandaise (siehe Seite 93)
Saft von ½ Blutorange

DÄNISCHE SAUCE

Die Sardellen sehr fein hacken und mit der Butter verrühren. Die Sauce hollandaise wie beschrieben zubereiten, jedoch, statt der Butter die Sardellenbutter verwenden.

3 Sardellenfilets
oder ½ TL Sardellenpaste
100 g weiche Butter
Sauce hollandaise (siehe Seite 93)

RÖMISCHE SAUCE

Knoblauchzehen schälen und sehr fein hacken. Die Sauce Béchamel zubereiten, jedoch mit 35 g Butter. Den Käse zugeben und schmelzen lassen.

2 Knoblauchzehen
Sauce Béchamel (siehe Seite 84)
100 g geriebener Schweizer Käse

SAUCE BOLOGNESE

Zwiebel und Knoblauchzehe schälen und fein hacken. Beides in heißem Öl anbraten. Hackfleisch zugeben und darin krümelig braten. Tomatenmark unterrühren und mit Salz, Pfeffer, 1 Prise Zucker sowie Kräutern und Zitronensaft abschmecken.

1 Zwiebel

1 Knoblauchzehe

1 EL Öl

200 g gemischtes Hackfleisch

½ Tube Tomatenmark

Salz, Pfeffer

Zucker

getrockneter Oregano

getrocknetes Basilikum

1 EL Zitronensaft

CHAMPIGNONSAUCE

Die Champignons putzen und in Scheiben schneiden. In heißer Butter andünsten. Mit Mehl bestäuben und die Sahne aufgießen. Aufkochen bis eine cremige Konsistenz entsteht. Die Sauce mit Salz, Pfeffer und Zitronensaft abschmecken.

125 g weiße Champignons

1 EL Butter

1 EL Mehl

200 ml Sahne

Salz, Pfeffer

1 EL Zitronensaft

MAYONNAISE

Eigelbe mit 1 kräftigen Prise Salz verrühren. Das Öl in dünn fließendem Strahl unter ständigem Rühren unterschlagen, bis eine dickliche Masse entsteht. Mit Essig sowie Zitronensaft verfeinern und eventuell nachsalzen. Nach Belieben mit Schnittlauch und Joghurt verfeinern.

2 Eigelb

Salz

250 ml neutrales Pflanzenöl

1–2 EL Essig

1–2 TL Zitronensaft

1 Bund Schnittlauch, nach Belieben

½ Becher Joghurt, nach Belieben

REMOULADENSAUCE

Die Kräuter waschen, trocken schütteln und die Blätter fein hacken. Die gehackten Kräuter mit der Mayonnaise verrühren und mit Salz und Zitronensaft abschmecken.

1 Bund gemischte Kräuter, z. B. Liebstöckel, Basilikum, Zitronenmelisse, Pimpinelle, Petersilie

selbst zubereitete Mayonnaise (siehe Seite 101) oder 250 g Mayonnaise

Salz

1 EL Zitronensaft

HAUS-VINAIGRETTE

Die Mayonnaise zubereiten, jedoch auf der Basis von nur 1 Eigelb. Mit Essig und Kräutern vermengen. Das Ei schälen, fein hacken und untermischen. Mit Salz und Pfeffer abschmecken.

selbst zubereitete Mayonnaise (siehe Seite 101)
oder 125 g Mayonnaise
2–3 Schuss Rotweinessig
½ Bund gehackte Kräuter
1 hartgekochtes Ei
Salz, Pfeffer

GROBE REMOULADENSAUCE

Die Mayonnaise wie auf Seite 101 beschrieben zubereiten. Die Essiggurken und die Paprika sehr fein hacken. Alles miteinander vermischen, mit Salz und Pfeffer abschmecken.

selbst zubereitete Mayonnaise (siehe Seite 101) oder 250 g Mayonnaise

2 Essiggurken

1 kleine gegarte rote Paprika

Salz, Pfeffer

SAUCE MORNAY

Die Sauce Béchamel zubereiten. Den geriebenen Käse einrühren und schmelzen lassen.

Sauce Béchamel (siehe Seite 84)

3–4 EL geriebener Käse

Michaela und Maisi; Mainsondheim 1967

TIROLER SAUCE

Die Mayonnaise mit Tomatenmark, einigen Spritzern Worcestersauce sowie Petersilie vermengen. Mit Salz und Pfeffer abschmecken.

selbst zubereitete Mayonnaise (siehe Seite 101)
oder 250 g Mayonnaise
1 EL Tomatenmark
Worcestersauce
½ Bund gehackte Petersilie
Salz, Pfeffer

SAUCE TARTAR

Die Mayonnaise zubereiten. Den Meerrettich unterrühren und mit Salz und 1 Prise Zucker abschmecken.

selbst zubereitete Mayonnaise (siehe Seite 101)
oder 250 g Mayonnaise
2–3 EL frisch geriebener Meerrettich
Salz
Zucker

CUMBERLANDSAUCE

Das Gelee mit dem Senf glatt rühren und mit dem Zitronensaft abschmecken. Die Orange heiß abwaschen, trocken reiben, etwas Schale abreiben und unter die Sauce mischen.

4 EL Johannisbeergelee

2 EL Senf

1–2 TL Zitronensaft

1 unbehandelte Orange

Irmgard Bentzel (Michaelas Schwiegermutter) gen. Mum

APFELMEERRETTICH

Die Äpfel schälen, vierteln, das Kerngehäuse entfernen und klein schneiden. Äpfel mit Wasser, Zitronensaft und Butter weich kochen. Anschließend passieren und nach Geschmack mit Meerrettich und Zucker verfeinern.

500 g Äpfel

150 ml Wasser

Saft von ½ Zitrone

1 EL Butter

2–3 EL frisch geriebener Meerrettich

Zucker

JOHANNISBEER-MEERRETTICHSAUCE

Johannisbeergelee mit Sahne, Senf und Meerrettich glatt rühren. Mit Salz und Pfeffer abschmecken.

1 EL Johannisbeergelee

4 EL Sahne

½ TL Senf

3 EL frisch geriebener Meerrettich

Salz, Pfeffer

HIMBEER-MEERRETTICHSAUCE

Himbeergelee mit so viel Meerrettich verrühren, dass weder Himbeere noch Meerrettich vorschmecken.

4 EL Himbeergelee

frisch geriebener Meerrettich

Michaela, Maisi und Steffi in Rieden

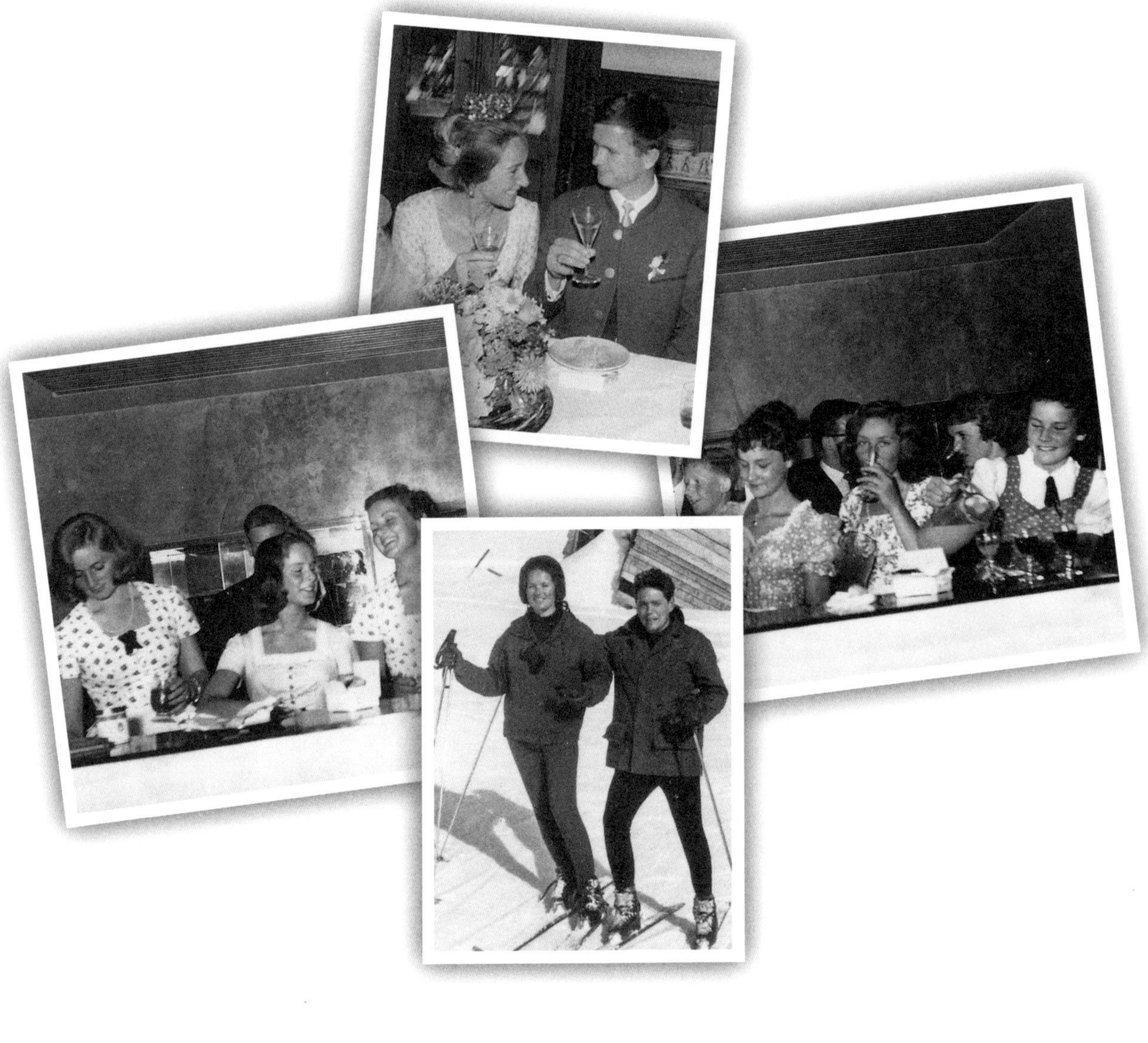

ZWISCHENGERICHTE

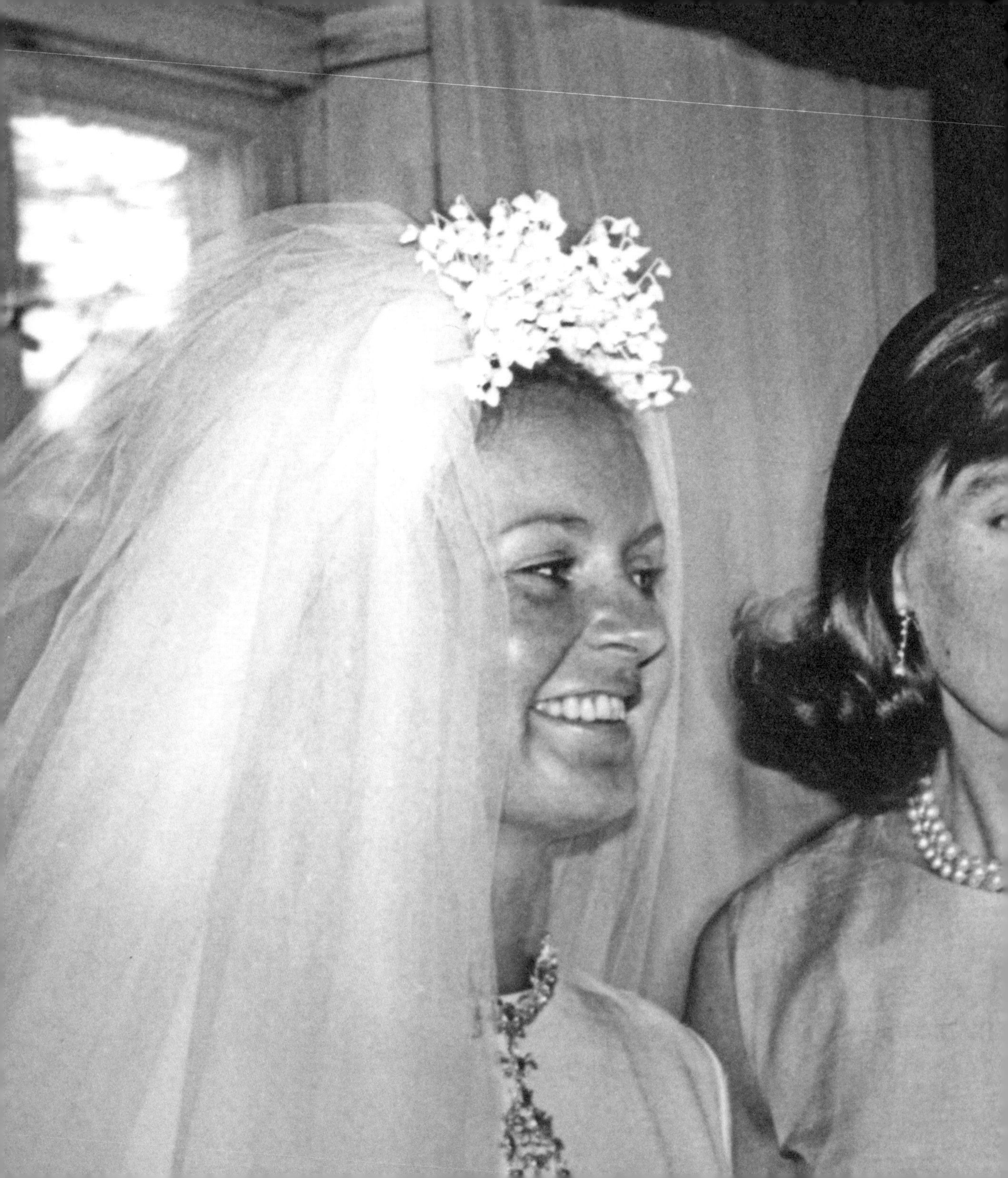

Die drei Schwestern: Michaela, Steffi, Andrea

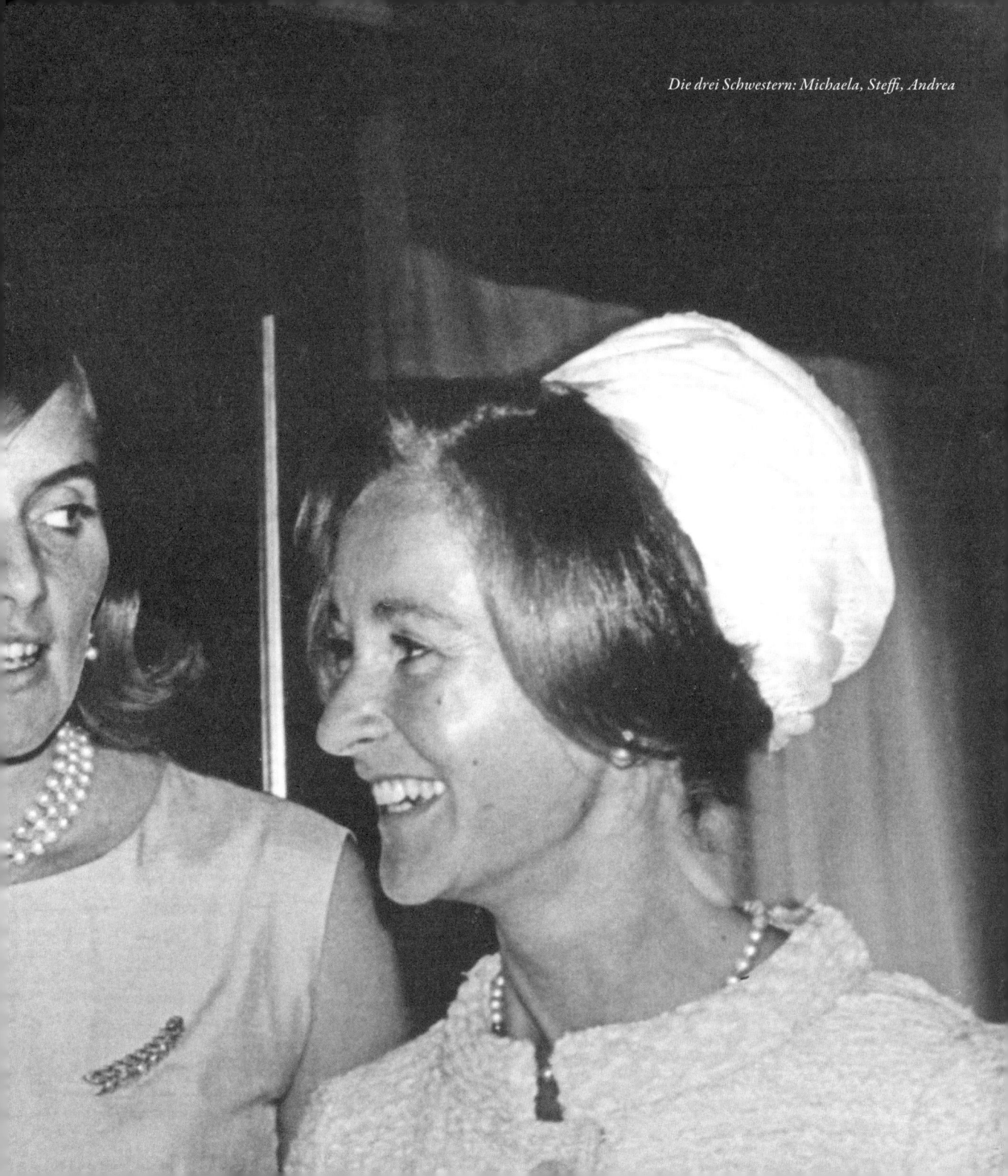

SCHINKENNUDELAUFLAUF

Aus den angegebenen Zutaten einen glatten Teig herstellen. Den Teig in zwei Portionen teilen und auf einer bemehlten Arbeitsfläche dünn zu einem Quadrat mit etwa 30 cm Kantenlänge ausrollen. Das Quadrat halbieren, die beiden Teigplatten aufeinander legen und in dünne Streifen schneiden. Mit der zweiten Teigportion ebenso verfahren. Nudeln in ausreichend Salzwasser ca. 10 Minuten kochen.

Für den Auflauf den Schinken in Würfel schneiden. Die eine Hälfte der Nudeln in eine gefettete Auflaufform geben. Die Schinkenwürfel und den Käse darüber verteilen. Die restlichen Nudeln darauf geben, mit Gratiniersauce übergießen und den Auflauf im vorgeheizten Backofen bei 180 °C Ober- und Unterhitze ca. 25 Minuten überbacken.

Nudelteig

160 g Mehl

1 Ei

½ TL Salz

Mehl zum Bearbeiten

Auflauf

200 g gekochter Schinken

Butter für die Form

200 g geriebener Emmentaler

Gratiniersauce

siehe Seite 94

FETTUCCINE MIT PARMESAN

Die Bandnudeln nach Packungsanweisung bissfest garen. Knoblauch schälen und zerdrücken. Die Nudeln mit den Knoblauchzehen in der Butter schwenken, mit dem Parmesan mischen und dann servieren.

250 g Bandnudeln

2 Knoblauchzehen

30 g Butter

75 g frisch geriebener Parmesan

Michaela (im 8. Monat schwanger) in Rieden

CANNELLONI

Den Nudelteig (siehe Seite 116) zubereiten. Auf einer bemehlten Arbeitsfläche dünn ausrollen und in 16 Rechtecke von ca. 5 × 10 cm schneiden. Die Teigplatten in ausreichend Salzwasser garen. Herausnehmen und mit kaltem Wasser abschrecken. Die zubereitete Fleischfüllung auf die Nudelplatten streichen, diese aufrollen und in eine gefettete Auflaufform geben. Mozzarella in Scheiben schneiden und auf den Cannelloni verteilen. Etwas Tomatenketchup darauf verteilen. Im vorgeheizten Backofen bei 180 °C Ober- und Unterhitze ca. 10–15 Minuten gratinieren.

selbst zubereiteter Nudelteig (siehe Seite 116) oder 16 Cannelloni

Mehl zum Bearbeiten

Salz

Fleischfüllung (siehe Seite 120)

Butter zum Einfetten

1 Kugel Mozzarella

150 g Tomatenketchup

RAVIOLI

Für die Fleischfüllung Zwiebel und Knoblauch schälen und in feine Würfel hacken. Das Hackfleisch in einer Pfanne in Öl krümelig braten, Zwiebel und Knoblauch zugeben und mitbraten. Mit Mehl bestäuben und mit der Brühe aufgießen. Zu einer dicken Masse rühren und mit Salz, Pfeffer, Kräutern, Zitronensaft und Tomatenmark abschmecken.

Den Nudelteig (siehe Seite 116) zubereiten. Den Teig auf einer bemehlten Arbeitsfläche dünn ausrollen. Kreise mit ca. 6–7 cm Durchmesser ausstechen. Auf der Hälfte der Kreise etwas Hackfleischmasse verteilen. Mit den restlichen Teigkreisen bedecken und fest andrücken. Die Ravioli in ausreichend kochendem Salzwasser ca. 10 Minuten garen. Die fertigen Ravioli mit einem Schaumlöffel herausnehmen.

Nach Belieben mit zerlassener Butter und frisch geriebenem Parmesan servieren.

Fleischfüllung

1 Zwiebel

1 Knoblauchzehe

500 g gemischtes Hackfleisch

Öl zum Braten

1 EL Mehl

150 ml Gemüse- oder Fleischbrühe

Salz, Pfeffer

getrocknete Kräuter, z. B. Oregano, Basilikum, Majoran

Zitronensaft

1 EL Tomatenmark

Teig

Nudelteig (siehe Seite 116)

Mehl zum Bearbeiten

Salz

außerdem

zerlassene Butter, nach Belieben

frisch geriebener Parmesan, nach Belieben

*Hochzeit von Andrea mit Malte Mengershausen
(Franz Bechtolsheim führt die Braut); Rieden 1968*

GRÜNE LASAGNE

Den Nudelteig zubereiten, jedoch mit der Petersilie und dem Spinat einfärben. Den Teig auf einer bemehlten Arbeitsfläche dünn ausrollen. Dann in gleich große Lasagneplatten schneiden. Die Nudeln in ausreichend Salzwasser ca. 10 Minuten kochen. Die Teigplatten abwechselnd mit der zubereiteten Fleischfüllung und Parmesan in eine gefettete Auflaufform füllen. Mit der Römischen Sauce übergießen und im vorgeheizten Backofen bei 180 °C Ober- und Unterhitze ca. 20 Minuten gratinieren.

selbst zubereiteter Nudelteig (siehe Seite 116)
1 EL fein gehackte Petersilie
1 EL fein gehackter Spinat
Mehl zum Bearbeiten
Fleischfüllung (siehe Seite 120)
100 g frisch geriebener Parmesan
Butter zum Einfetten
Römische Sauce (siehe Rezept Seite 98)

BUNTE SPAGHETTI

Suppengrün, Zwiebeln und Knoblauchzehen putzen, waschen, schälen und klein schneiden. Kräuter waschen, trocken schütteln, Blätter abzupfen und fein hacken. Das Gemüse mit den Speckwürfeln andünsten. Das Öl und die Fleischbrühe zugießen. Kräuter zugeben, salzen und pfeffern, dann ca. 10 Minuten dünsten. Die Spaghetti nach Packungsanweisung zubereiten. Die Tomaten waschen, Strünke entfernen und in Scheiben schneiden. Nach Ende der Garzeit die Tomaten zum restlichen Gemüse geben und die gekochten Spaghetti unterrühren. Nach Belieben mit Parmesan bestreut servieren.

2 Bund Suppengrün
2 Zwiebeln
2 Knoblauchzehen
2 Stängel Basilikum
1 Zweig Oregano
100 g Speckwürfel
2 EL Öl
75 ml Fleischbrühe
getrockneter Majoran
Salz, Pfeffer
250 g Spaghetti
5 Tomaten
frisch geriebener Parmesan, nach Belieben

SPAGHETTI AL SUGO

Das Suppengrün waschen, putzen, gegebenenfalls schälen und klein schneiden. Zwiebel und Knoblauch schälen und klein hacken. Rosmarin waschen, trocken schütteln, Nadeln abzupfen und fein hacken. Fleisch waschen, trocken, tupfen und in kleine 1 cm große Würfel schneiden. Das Gemüse, Zwiebel und Knoblauch in einem Topf und in Olivenöl andünsten. Mit Rosmarin, Salz und Pfeffer würzen. Das Tomatenmark, einen Schuss Wasser sowie das Fleisch zugeben. Bei mittlerer Hitze ca. 30 Minuten garen und nochmals abschmecken. Die Spaghetti wie auf der Packungsanweisung beschrieben bissfest garen. Das Sugo mit den Spaghetti und nach Belieben mit frischem Parmesan bestreut servieren.

1 Bund Suppengrün

1 Zwiebel

1 Knoblauchzehe

1 Zweig Rosmarin

250 g Rinder- oder Schweinefilet

3 EL Olivenöl

Salz, Pfeffer

½ Tube Tomatenmark

250 g Spaghetti

frisch geriebener Parmesan, nach Belieben

Michaela und Hanni; Skifahren in Reutte

UNGARISCHER KARFIOL

Von dem gekochten Blumenkohl den Strunk herausschneiden und im Ganzen in eine gebutterte Form setzen. Mit den Speckwürfeln bestreuen. Die Eier schälen, vierteln und diese um den Blumenkohl in der Auflaufform verteilen. Mit der Sauce Mornay übergießen und mit dem geriebenen Käse bestreuen. Den Blumenkohl im vorgeheizten Backofen bei 180 °C Ober- und Unterhitze ca. 20 Minuten überbacken.

1 gekochter Blumenkohl

Butter für die Form

200 g geröstete Speckwürfel

4 hartgekochte Eier

Sauce Mornay (siehe Seite 104)

100 g geriebener Emmentaler

GEFÜLLTE PAPRIKA

Von den Paprikaschoten die Deckel abschneiden. Kerne und weiße Innenhäute entfernen. Die Paprikaschoten in ausreichend Salzwasser ca. 8 Minuten garen. Die Schoten etwas abkühlen lassen und mit der Fleischfüllung füllen. Die Tomatensauce in eine gefettete Auflaufform geben und die gefüllten Schoten hineinsetzen. Mit Käse bestreuen und im vorgeheizten Backofen bei 180 °C Ober- und Unterhitze ca. 15–20 Minuten überbacken.

4–5 grüne Paprikaschoten

Salz

Fleischfüllung (siehe Seite 120)

Tomatensauce (siehe Seite 85)

Butter für die Form

200 g geriebener Käse

SCHWEDISCHE OMELETTES

Mehl mit Milch, Eiern und 1 kräftigen Prise Salz verrühren. In einer Pfanne in heißem Öl nacheinander dünne Omelettes ausbacken. Die Champignons putzen in Scheiben schneiden und in der Pfanne andünsten. Omelettes abwechselnd mit Fleischfüllung und Champignons belegen und wie eine Torte aufeinander setzen. In eine passende Form geben, mit der Gratiniersauce übergießen und im vorgeheizten Backofen bei 180 °C Ober- und Unterhitze ca. 20–25 Minuten überbacken. Zum Servieren wie eine Torte in Stücke aufschneiden.

50 g Mehl

150 ml Milch

3 Eier

Salz

Öl zum Braten

200 g Champignons

Fleischfüllung (siehe Seite 120)

Gratiniersauce (siehe Seite 94)

OMELETTES MIT BLATTSPINAT

Die Omelettes wie beschrieben zubereiten und backen. Den Blattspinat putzen, waschen, trocken schleudern und in der Butter andünsten, bis er zusammengefallen ist. Mit Salz, Pfeffer und Muskat würzen. Die Omelettes mit dem Spinat füllen, zusammenklappen und in eine gefettete Auflaufform legen. Mit dem Emmentaler bestreuen und mit etwas Ketchup beträufeln. Im vorgeheizten Backofen bei 180 °C Ober- und Unterhitze ca. 10 Minuten überbacken.

Omelettes (siehe Seite 129)

500 g Blattspinat

1 EL Butter

Salz, Pfeffer

Muskat

Butter zum Einfetten

200 g geriebener Emmentaler

150 g Tomatenketchup

Andrea, Malte, Maisi, Ruppi Bechtolsheim; Hochzeit in Rieden 1968

Familie Bentzel v. l. n. r. Kilian, Hanni, Benedikt, Theresa, Johannes, Michaela, Stephan

GEMÜSE-RISOTTO

Suppengrün, Zwiebel und Knoblauchzehen putzen, waschen, schälen und würfeln. Alles in einem Topf in Öl andünsten. Den Reis unterrühren, kurz mit andünsten und mit Salz, Pfeffer und Paprikapulver würzen. Mit der heißen Fleischbrühe aufgießen. Bei niedriger Hitze abgedeckt ca. 15 Minuten kochen. Nach Ende der Garzeit den Herd ausschalten und den Reis mit aufgelegtem Deckel weitere 5 Minuten gar ziehen lassen. Den fertigen Reis in eine gefettete Schüssel geben und fest andrücken. Den Reis dann stürzen und nach Belieben mit Sauce bolognese (siehe Seite 99) sowie mit Parmesan bestreut anrichten.

2 Bund Suppengrün

1 Zwiebel

2 Knoblauchzehen

2 EL Öl

300 g Siam-Patna-Reis oder Risottoreis

Salz, Pfeffer

edelsüßes Paprikapulver

600 ml heiße Fleischbrühe

Butter zum Einfetten

Sauce bolognese (siehe Seite 99), nach Belieben

frisch geriebener Parmesan, nach Belieben

HÜHNERLEBER-RISOTTO

Zwiebel und Knoblauch schälen und fein hacken. Hühnerleber putzen und klein schneiden. Alles in einem Topf in heißem Öl andünsten. Den Reis unterrühren, kurz mitandünsten und mit Salz, Pfeffer und Majoran würzen. Mit der heißen Fleischbrühe aufgießen. Bei niedriger Hitze abgedeckt ca. 15 Minuten kochen. Nach Ende der Garzeit den Herd ausschalten und den Reis mit aufgelegtem Deckel weitere 5 Minuten gar ziehen lassen. Den fertigen Reis in eine gefettete Schüssel geben und fest andrücken. Den Reis dann stürzen und nach Belieben mit Parmesan und fein gehackten Kräutern bestreut anrichten.

1 Zwiebel

1 Knoblauchzehe

200 g gehäutete Hühnerleber

2 EL Öl

300 g Siam-Patna-Reis oder Risottoreis

Salz, Pfeffer

getrockneter Majoran

600 ml heiße Fleischbrühe

Butter zum Einfetten

frisch geriebener Parmesan, nach Belieben

1 Bund gehackte, gemischte Kräuter, nach Belieben

MAILÄNDER RISOTTO

Zwiebel und Knoblauch schälen, fein hacken und in einem Topf in heißem Öl andünsten. Den Reis unterrühren, kurz mitandünsten und mit Salz sowie Safran würzen. Mit Weißwein und der heißen Brühe aufgießen. Bei niedriger Hitze abgedeckt ca. 15 Minuten kochen. Nach Ende der Garzeit den Herd ausschalten und den Reis mit aufgelegtem Deckel weitere 5 Minuten gar ziehen lassen. Den fertigen Reis mit der Petersilie mischen. Ein Drittel Reis in eine gefettete Schüssel geben und fest andrücken. 30 g Parmesan darauf verteilen. Dann die Hälfte vom übrigen Reis darauf geben. Erbsen und Schinken darauf verteilen und mit dem restlichen Reis bedecken. Alles fest andrücken, den Reis dann stürzen und mit dem restlichen geriebenen Parmesan bestreut anrichten.

1 Zwiebel

2 Knoblauchzehen

1 EL Öl

200 g Siam-Patna-Reis oder Risottoreis

Salz

1 Msp. Safranpulver

150 ml trockener Weißwein

300 ml heiße Gemüsebrühe

2 Bund gehackte Petersilie

Butter zum Einfetten

80 g frisch geriebener Parmesan

100 g gekochte Erbsen

100 g gekochter Schinken in Würfeln

AUBERGINENAUFLAUF

Die Auberginen putzen und in Scheiben schneiden. Die Tomaten mit kochendem Wasser überbrühen, Strünke entfernen, häuten und in nicht zu dünne Scheiben schneiden. Die Auberginenscheiben von beiden Seiten in ausreichend Öl braten, herausnehmen und mit Salz und Pfeffer würzen. Die Tomaten in die Pfanne geben und ca. 10 Minuten dünsten. Die Tomaten mit Salz, Pfeffer, 1 Prise Zucker und Zitronensaft würzen. Die Knoblauchzehen schälen, pressen und mit der Petersilie vermengen. Auberginen und Tomaten dachziegelartig in eine gefettete Auflaufform setzen und mit der Knoblauch-Petersilie bestreuen. Alles mit Semmelbröseln abdecken und die Butter in Flocken darauf verteilen. Im vorgeheizten Backofen bei 180 °C Ober- und Unterhitze ca. 25–30 Minuten überbacken.

2–3 Auberginen

750 g Tomaten

Öl zum Braten

Salz, Pfeffer

Zucker

1–2 EL Zitronensaft

3 Knoblauchzehen

1 Bund gehackte Petersilie

Butter zum Einfetten

Semmelbrösel zum Bestreuen

30 g Butter

Michaela in Rieden

IRISH STEW

Weißkohl putzen, Strunk entfernen und in Streifen schneiden. Diesen mit ausreichend heißem Wasser übergießen und abtropfen lassen. Zwiebeln und Knoblauch schälen und fein hacken. Lauch putzen, waschen und in Ringe schneiden. Das Fleisch waschen, trocken tupfen und in mundgerechte Stücke schneiden. Zwiebeln, Knoblauch und Lauch in einem Topf in heißer Butter andünsten. Fleisch portionsweise zugeben, darin anbraten und mit Salz, Pfeffer, Thymian und Rosmarin würzen. Mit der Brühe aufgießen, aufkochen und bei mittlerer Hitze ca. 30 Minuten kochen. Dann das Weißkraut zugeben und weitere 30 Minuten kochen. In der Zwischenzeit die Kartoffeln schälen und in Würfel schneiden. Nach Ende der Garzeit die Kartoffeln zugeben und noch einmal 30 Minuten kochen. Das Stew mit Salz, Pfeffer und einigen Spritzern Worcestersauce abschmecken. Mit der Petersilie bestreut servieren.

1 Weißkohl

2 Zwiebeln

2 Knoblauchzehen

1 Stange Lauch

500 g Hammelfleisch (aus der Schulter)

2 EL Butter

Salz, Pfeffer

2 Zweige gehackter Thymian

1 Zweig gehackter Rosmarin

500 ml Fleischbrühe

5 festkochende Kartoffeln

Worcestersauce

1 Bund gehackte Petersilie

KRAUTWICKEL

Den Weißkohl putzen, den Strunk entfernen und die Blätter vorsichtig abtrennen. Die Blätter in ausreichend Salzwasser ca. 8–10 Minuten weich kochen und gut abtropfen lassen. Die zubereitete Fleischfüllung portionsweise auf die Blätter verteilen und zu Rouladen aufrollen. Diese in einem Schmortopf in heißem Butterschmalz anbraten und mit der Brühe aufgießen. Die Krautwickel im vorgeheizten Backofen bei 180 °C Ober- und Unterhitze ca. 25 Minuten garen.

1 junger Weißkohl

Salz

Fleischfüllung (siehe Seite 120)

2 EL Butterschmalz

150 ml Fleischbrühe

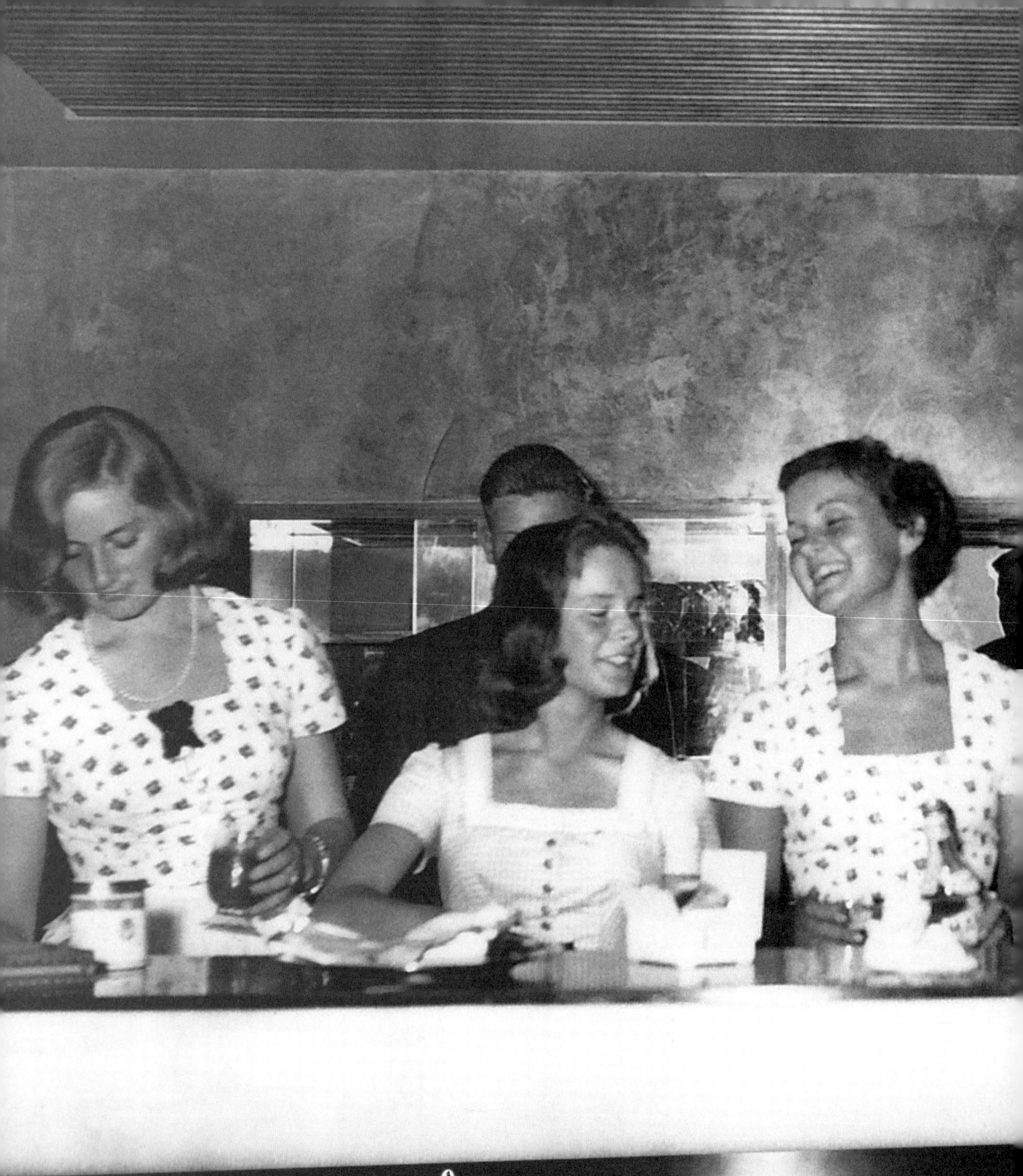

Die Jugend schenkt aus beim Fest 100 Jahre Oldenbourg Verlag v. l. n. r.: Steffi, Aya Schönborn, Michaela, Bärbel Moos (Freundin v. Michaela), Andrea

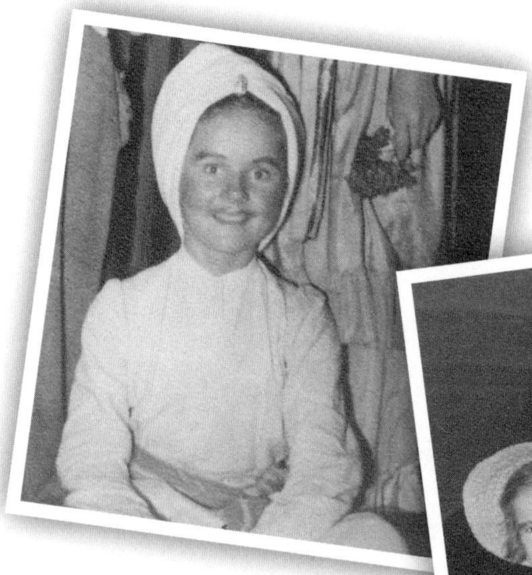
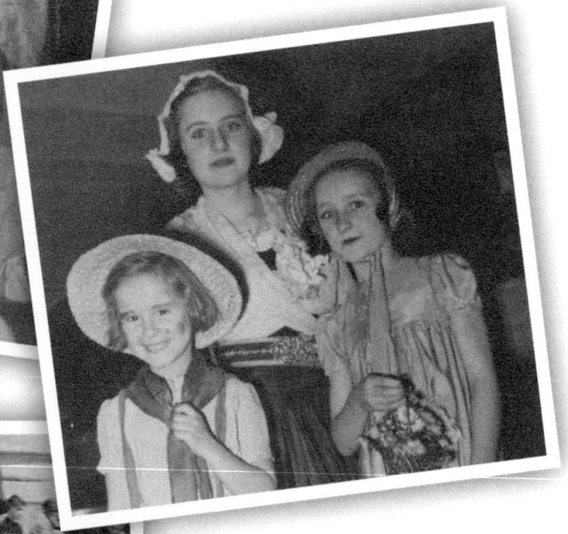
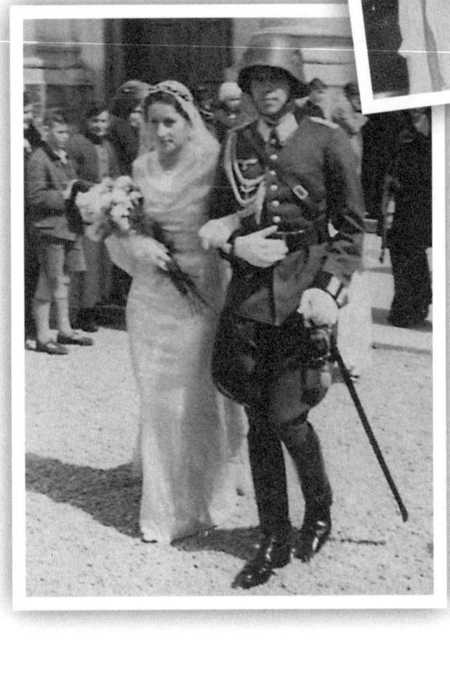

⚜ SALATE ⚜

Franz und Steffi Bechtolsheim; Rieden 1960

KOHLRABISALAT

Kohlrabi schälen und auf einer mittleren Reibe raspeln. Die Kohlrabiraspel mit Zitronensaft, Essig, Salz sowie Zucker und Sahne vermengen. Mit Petersilie bestreut servieren.

2–3 Kohlrabi

1 EL Zitronensaft

1 EL Essig

Salz

Zucker

150 ml Sahne

½ Bund gehackte Petersilie

KAROTTENSALAT

Karotten putzen, schälen und auf einer mittleren Reibe raspeln. Die Raspel mit Zitronensaft, Essig, Salz, Zucker und abschließend dem Öl vermengen.

500 g Karotten
1 EL Zitronensaft
2 EL Essig
Salz
Zucker
4 EL Öl

CHICORÉESALAT

Chicorée längs halbieren, die Strünke entfernen und in 3 cm lange Stücke schneiden. Diese 15 Minuten in lauwarmes Wasser legen, dann gut abtropfen lassen. Mit Salz und Zitronensaft würzen. Alles mit der Tiroler Sauce vermengen, nochmals abschmecken und mit der abgeschnittenen Kresse anrichten.

4–5 Chicorée
Salz
2 EL Zitronensaft
Tiroler Sauce (siehe Seite 106)
1 Kästchen Kresse

FELDSALAT MIT RADIESCHEN

Feldsalat putzen, waschen und trocken schleudern. Die Radieschen putzen, waschen und in Scheiben schneiden. Essig mit Salz und Zucker verrühren, dann das Öl unterrühren. Den Salat mit der Sauce mischen und servieren.

200 g Feldsalat

1 kleiner Bund Radieschen

3 EL Essig

Salz

Zucker

6 EL Öl

KRÄUTERSALAT

Kopfsalat putzen, waschen, trocken schleudern und in mundgerechte Stücke zupfen. Kräuter waschen, trocken schütteln, Blätter abzupfen und nach Belieben klein zupfen. Essig mit Salz und Zucker verrühren, dann das Öl unterrühren. Den Salat und die Kräuter mit der Sauce mischen und servieren.

1 Kopfsalat

je 1 großes Bund Basilikum, Liebstöckel, Petersilie

3 EL Essig

Salz

Zucker

6 EL Öl

KOPFSALAT I

Kopfsalat putzen, waschen und trocken schleudern. Den Salat in mundgerechte Stücke zupfen. Essig mit Salz und Zucker verrühren, dann das Öl unterrühren. Den Salat mit der Sauce mischen und servieren.

1 Kopfsalat

3 EL Essig

Salz

Zucker

6 EL Öl

KOPFSALAT II

Kopfsalat putzen, waschen, trocken schleudern und in mundgerechte Stücke zerpflücken. Den Rettich putzen, waschen und in dünne Scheiben schneiden. Essig mit Salz und Zucker verrühren, dann das Öl unterrühren. Den Salat mit der Sauce und dem Schnittlauch mischen und servieren.

1 Kopfsalat

1 kleiner Rettich

3 EL Essig

Salz

Zucker

6 EL Öl

1 Bund Schnittlauch in Röllchen

*Hochzeit Maisi und Hans Emich
(Major, gefallen 3. 9. 41);
Fürstenfeldbruck, 6. April 1937*

KOPFSALAT III

Kopfsalat putzen, waschen, trocken schleudern und in mundgerechte Stücke zerpflücken. Quark bzw. Joghurt verrühren und das Öl unter Rühren in dünnem Strahl einlaufen lassen. Essig und Zitronensaft, Salz, Zucker, Kräuter und Knoblauch verrühren. Dressing und Salat miteinander mischen.

1 Kopfsalat
2 EL Magerquark oder Joghurt
100 ml Öl
1 EL Essig
1 EL Zitronensaft
Salz
Zucker
1 Bund gehackte Kräuter
1 gehackte Knoblauchzehe

KOPFSALAT IV

Kopfsalat putzen, waschen, trocken schleudern und in Streifen schneiden. Paprikaschote waschen, Kerne und weiße Innenhäute entfernen und in dünne Streifen schneiden. Essig mit Salz und Zucker verrühren, zum Schluss das Öl einrühren. Alles miteinander vermengen.

1 Kopfsalat

1 rote Paprikaschote

2 EL Essig

Salz

Zucker

5 EL Öl

KOPFSALAT V

Kopfsalat putzen, waschen, trocken schleudern und in mundgerechte Stücke zerpflücken. Die Orangen samt der weißen Haut schälen und in Scheiben schneiden. Ein Dressing aus Essig, Salz, Zucker und Öl herstellen und den Salat damit anmachen.

1 Kopfsalat

2 Orangen

2 EL Essig

Salz

Zucker

5 EL Öl

Riedener Kapelle und Oldenbourg Haus

ENDIVIENSALAT

Endiviensalat putzen und in dünne Streifen schneiden. Den Salat ca. 15 Minuten in lauwarmes Wasser einlegen, dann trocken schleudern. Die Zwiebelhälfte schälen und in feine Würfel schneiden. Die Zwiebelwürfel mit der Sahne verrühren und den Salat darin wenden, mit Essig, Zitronensaft, Öl, Salz und 1 Prise Zucker würzen und abschmecken.

1 Endiviensalat

½ Zwiebel

75 ml Sahne

1 EL Essig

1 EL Zitronensaft

3 EL Öl

Salz

Zucker

TOMATENSALAT

Tomaten waschen, Strünke sowie Böden entfernen und in Scheiben schneiden. Die Tomatenscheiben in eine Schüssel einschichten. Jede Schicht mit Salz und Zucker würzen. Nach dem Einschichten Essig und Öl darüber träufeln. Mit Schnittlauch bestreuen und bis zum Servieren kalt stellen.

500 g Tomaten

Salz

Zucker

3 EL Essig

6 EL Öl

1 Bund Schnittlauch in Röllchen

GURKENSALAT

Die Salatgurke waschen, gegebenenfalls schälen, längs halbieren und in dünne Scheiben schneiden. Zitronensaft, Salz und Zucker verrühren. Mit den Gurken vermischen. Die Sahne leicht anschlagen und gemeinsam mit dem Dill unterheben.

1 Salatgurke

Saft von ½ Zitrone

Salz

Zucker

100 ml Sahne

1 Bund gehackter Dill

RETTICHSALAT

Die Rettiche schälen und auf einer mittleren Reibe raspeln. Zusammen mit Salz, Zucker, Essig und der Sahne vermischen. Kurz ziehen lassen und servieren.

1–2 Rettiche

Salz

Zucker

1 Schuss Essig

75 ml Sahne

ROTER PAPRIKASALAT

Die Paprikaschoten putzen, waschen, Kerne und weiße Innenhäute entfernen und in feine Streifen schneiden. Essig und Zitronensaft mit Salz, Pfeffer sowie Zucker anrühren. Zum Schluss das Öl untermischen und alles mit Paprika und der Petersilie vermengen.

3 Paprikaschoten

2 EL Essig

1 EL Zitronensaft

Salz, Pfeffer

Zucker

4 EL Öl

2 Bund gehackte Petersilie

BLUMENKOHLSALAT

Vom gekochten Blumenkohl die Röschen abschneiden. Die Röschen in einer Schüssel wieder zu einem Blumenkohl zusammensetzen. Das Eigelb mit dem Senf verrühren und das Öl unter ständigem Rühren in dünnem Strahl einlaufen lassen. Die leicht dickliche Sauce mit Essig und der Sahne verfeinern. Die Sauce über den Blumenkohl gießen und mit etwas Paprikapulver und der Petersilie bestreuen.

1 gekochter Blumenkohl

1 Eigelb

1 EL französischer Senf

120 ml Öl

1 Schuss Essig

100 ml Sahne

edelsüßes Paprikapulver

½ Bund gehackte Petersilie

SPARGELSALAT

Den Spargel schälen, die holzigen Enden abschneiden und in 3–4 cm lange Stücke schneiden. Diese in ausreichend Salzwasser mit 1 Prise Zucker und 1 Schuss Zitronensaft bissfest garen. Den Spargel gut abtropfen lassen und mit der Mayonnaise und der Petersilie mischen. Zum Schluss mit Salz und Pfeffer abschmecken.

1 kg weißer Spargel

Salz

Zucker

Zitronensaft

selbst zubereitete Mayonnaise (siehe Seite 101) oder 250 g Mayonnaise

½ Bund gehackte Petersilie

Pfeffer

*Die Schwestern Meyern-Hohenberg und
Aya Schönborn, v.l.n.r. Aya, Steffi, Andrea,
Michaela; Fasching in München*

KRAUTSALAT

Den Weißkohl putzen, Strunk entfernen und in feine Streifen schneiden. Mit ausreichend kochendem Wasser übergießen und zugedeckt ca. 15 Minuten ziehen lassen. Dann gut abtropfen lassen und mit Salz, Pfeffer, Zucker und den Speckwürfeln vermengen.

1 Weißkohl

Salz

Pfeffer

Zucker

200 g geröstete Speckwürfel

CHINAKOHLSALAT

Den Chinakohl putzen, Strunk entfernen und in feine Streifen schneiden. Ca. 10 Minuten in lauwarmes Wasser legen, dann gut abtropfen lassen. Mit Salz, Zucker, Essig und der Sahne vermengen und mit der Petersilie bestreut servieren.

1 Chinakohl

Salz

Zucker

1 Schuss Essig

75 ml Sahne

4 Stängel gehackte Petersilie

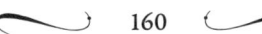

REISSALAT

Den Reis in ausreichend kochendem Salzwasser ca. 16 Minuten bissfest kochen. Anschließend absieben und gut abtropfen lassen. Die Paprika ebenfalls abtropfen lassen und fein hacken. Schnittlauch waschen, trocken schütteln und in feine Röllchen schneiden. Reis, Paprika und Schnittlauch mischen und mit Essig, Zitronensaft, Salz, Pfeffer sowie Zucker würzen und abschmecken. Zum Schluss das Öl untermengen.

250 g Langkornreis

Salz

1 Glas eingelegte rote Paprika

3 Bund Schnittlauch

1 Schuss Essig

1 Schuss Zitronensaft

Salz, Pfeffer

Zucker

3 EL Öl

GELEGTER SALAT

Oliven halbieren und in eine Schüssel geben. Die Eier schälen, in Scheiben schneiden und um die Oliven herum legen. Die Tomaten waschen, Strünke entfernen und in Scheiben schneiden. Die Tomatenscheiben um die Eierscheiben herum anrichten. Die Salatherzen putzen, waschen, trocken schleudern und die Blätter um die Tomaten herum legen. Aus Essig, Salz, Pfeffer, Zucker und Öl eine Salatsauce rühren und diese über dem Salat verteilen. Die saure Sahne cremig rühren und über die Salatherzen träufeln.

5 gefüllte Oliven

2 hartgekochte Eier

5 Tomaten

2 Salatherzen

2 EL Essig

Salz, Pfeffer

Zucker

4 EL Öl

125 g saure Sahne

Hochzeit Andrea und Malte; Rieden 1968

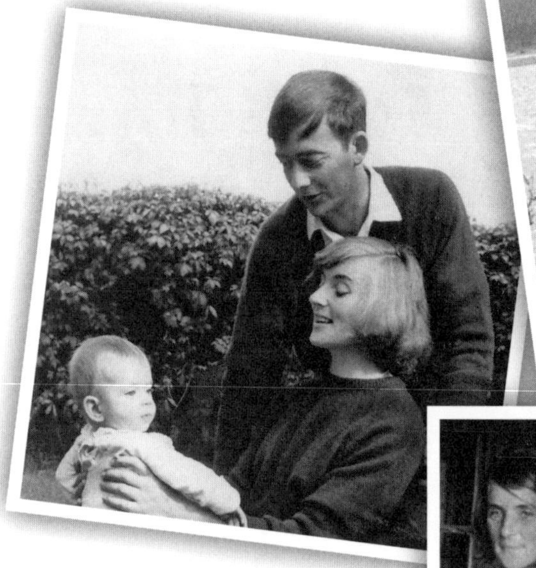
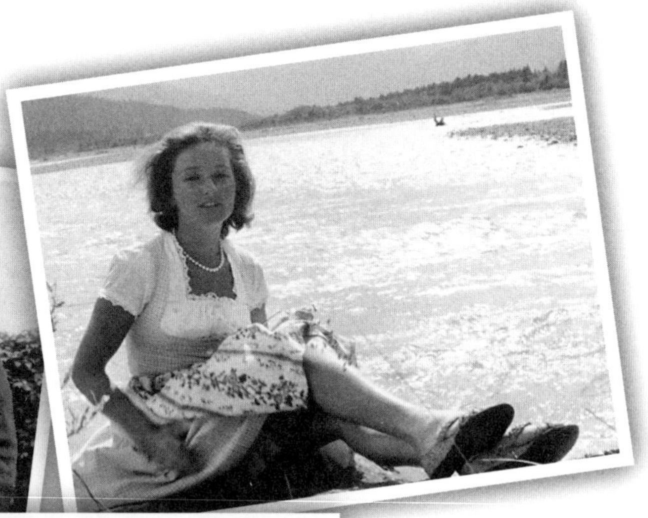
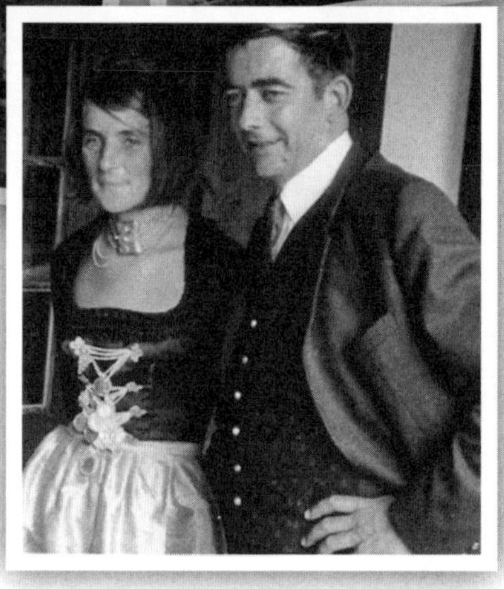

GEMÜSE

BLUMENKOHL

Blumenkohl putzen, in Röschen teilen, waschen und in ausreichend kochendem Salzwasser mit Zitronensaft ca. 20–25 Minuten garen, bis sie bissfest sind. Butter zerlassen und die Brösel darin rösten. Den Blumenkohl mit den Butterbröseln servieren.

1 Blumenkohl

Salz

2 EL Zitronensaft

50 g Butter

150 g Semmelbrösel

KAROTTEN

Die Karotten putzen, schälen, waschen und schräg in ca. 4 cm lange Stücke schneiden. Die Karottenstücke in ausreichend kochendem Salzwasser bissfest garen und gut abtropfen lassen. In der heißen Butter schwenken, mit Salz sowie 1 kräftigen Prise Zucker abschmecken und mit der Petersilie bestreut servieren.

500 g Karotten

Salz

3 EL Butter

Zucker

2 EL gehackte Petersilie

ROSENKOHL

Rosenkohl putzen, waschen und in ausreichend kochendem Salzwasser ca. 15–20 Minuten bissfest garen. Gut abtropfen lassen und in der heißen Butter schwenken. Mit Muskat würzen und mit den Speckwürfeln bestreut servieren.

Alternativ zu den Speckwürfeln kann der Rosenkohl auch mit gekochtem Schinken oder Salami serviert werden.

500 g Rosenkohl

Salz

3 EL Butter

Muskat

150 g geröstete Speckwürfel

Steffi und Franz Bechtolsheim mit Sohn Matthias;
Mainsondheim 1961

80. Geburtstag, Großmutter Dita mit Enkeln
Christoph, Lexi, Andrea

SPARGEL

Den Spargel schälen, die holzigen Enden abschneiden und den Spargel in ausreichend kochendem Salzwasser, Zitronensaft und 1 Prise Zucker, je nach Dicke der Stangen, ca. 15–20 Minuten bissfest kochen. Gut abtropfen lassen und mit der zerlassenen Butter servieren.

500 g weißer Spargel

Salz

Saft von ½ Zitrone

Zucker

200 g zerlassene Butter

SPARGEL IN WEISSER SAUCE

Den Spargel schälen, die holzigen Enden abschneiden und in ca. 4 cm lange Stücke schneiden. Den Spargel in ausreichend kochendem Salzwasser, Zitronensaft und 1 Prise Zucker, je nach Dicke der Stangen, ca. 15–20 Minuten bissfest kochen, dann gut abtropfen lassen. Die Butter in einem Topf zerlassen. Das Mehl zugeben und unter ständigem Rühren mit so viel Spargelsud oder Brühe aufgießen und aufkochen bis eine sämige Konsistenz entsteht. Eigelb mit der Sahne verrühren, zur Sauce geben und diese damit binden. Die Sauce darf jetzt nicht mehr kochen, sonst gerinnt das Eigelb. Mit Salz und Pfeffer abschmecken. Die Spargelstücke zugeben und in der Sauce heiß werden lassen.

500 g weißer Spargel

Salz

Saft von ½ Zitrone

Zucker

25 g Butter

1–2 EL Mehl

150 ml Spargelsud oder Gemüsebrühe

1 Eigelb

2 EL Sahne

Pfeffer

CREMESPINAT

Den Spinat putzen, die harten Stiele entfernen, waschen und trocken schleudern. In einen Topf mit etwas Wasser geben und zusammenfallen lassen. Den gegarten Spinat gut abtropfen lassen und fein hacken. Dann mit der zubereiteten Sauce Béchamel vermischen, die Butter einrühren und mit Salz, Pfeffer und Muskat abschmecken.

500 g Spinat

Sauce Béchamel (siehe Seite 84)

1 EL Butter

Salz, Pfeffer

Muskat

BLATTSPINAT ITALIENISCH

Den Spinat putzen, die harten Stiele entfernen, waschen und trocken schleudern. In einen Topf mit etwas Wasser geben und zusammenfallen lassen. Den gegarten Spinat gut abtropfen lassen. Dann in heißer Butter schwenken. Mit Salz, Pfeffer sowie Muskat abschmecken und mit dem Parmesan bestreut servieren.

500 g Spinat

2 EL Butter

Salz, Pfeffer

Muskat

50 g frisch geriebener Parmesan

Malte und Andrea Mengershausen in Rieden

Johannes Mengershausen, Steffi und Franz Bechtolsheim

PAPRIKA-TOMATEN-GEMÜSE

Die Paprikaschoten waschen, Kerne und weiße Innenhäute entfernen und in Streifen schneiden. Zwiebeln schälen, halbieren und in Scheiben schneiden. Zwiebeln und Paprika in dem heißen Öl andünsten. Mit Salz würzen und mit der Gemüsebrühe aufgießen. Bei mittlerer Hitze weitere 10 Minuten dünsten. In der Zwischenzeit die Tomaten mit kochendem Wasser überbrühen, häuten, Strünke entfernen und vierteln. Die Tomatenviertel zugeben, heiß werden lassen und das Gemüse mit einem Schuss Essig, Salz und Pfeffer abschmecken.

3 Paprikaschoten

2 Zwiebeln

2 EL Pflanzenöl

Salz

200 ml Gemüsebrühe

6 Tomaten

Essig

Pfeffer

ZUCCHINI

Die Zucchini putzen, waschen und in nicht zu dünne Scheiben schneiden. Die Scheiben in einer Pfanne im heißen Öl unter mehrmaligem Wenden andünsten. Knoblauchzehe schälen, dazupressen und mitandünsten. Salzen und pfeffern und mit dem Parmesan bestreut servieren.

2–3 Zucchini

2 EL Pflanzenöl

1 Knoblauchzehe

Salz

Pfeffer

30 g frisch geriebener Parmesan

FENCHEL

Fenchelknollen putzen, waschen und in dünne Streifen schneiden. In einem Topf in der heißen Butter andünsten. Salzen und pfeffern und mit der Gemüsebrühe aufgießen. Ca. 20 Minuten weich dünsten. Nochmals abschmecken und mit den zubereiteten Butterbröseln servieren.

2 Fenchelknollen

1 EL Butter

Salz

Pfeffer

150 ml Gemüsebrühe

Butterbrösel (siehe Seite 166)

WEISSKRAUT

Den Weißkohl putzen, Strunk herausschneiden und in dünne Streifen schneiden oder hobeln. Zwiebeln schälen, halbieren und in Scheiben schneiden. In einem Topf die Butter zerlassen und Weißkohl sowie Zwiebeln darin andünsten. Dann salzen und mit dem Zucker bestreuen. Das Kraut unter Rühren karamellisieren und mit der Flüssigkeit aufgießen. Zugedeckt bei mittlerer Hitze ca. 1 Stunde kochen, dann den Deckel abnehmen und weiterkochen, bis die Flüssigkeit fast vollständig verdunstet ist.

500 g Weißkohl

2 Zwiebeln

2 EL Butter

Salz

3 EL Zucker

300 ml Gemüsebrühe oder Wasser

Ursi Bechtolsheim, Dita und Nando Hohenlohe

Schloss Mainsondheim

BLAUKRAUT

Den Rotkohl putzen, Strunk herausschneiden und in dünne Streifen schneiden oder hobeln. Zwiebeln schälen, halbieren und in Würfel schneiden. Den Apfel schälen, Kerngehäuse entfernen und in Spalten schneiden. In einem Topf die Butter zerlassen und Rotkohl sowie Zwiebeln darin andünsten. 2 Schuss Essig zugießen, salzen und mit dem Zucker bestreuen. Apfelspalten und Nelke zugeben, unterrühren und mit dem Wasser aufgießen. Zugedeckt bei mittlerer Hitze ca. 1 Stunde kochen, vor dem Servieren mit 2 Schuss Rotwein verfeinern und die Nelke entfernen.

500 g Rotkohl

2 Zwiebeln

1 Apfel

2 EL Butter

Essig

Salz

3 EL Zucker

1 Nelke

300 ml Wasser

trockener Rotwein

WIRSINGBLATTGEMÜSE

Vom Wirsing die Blätter abtrennen und in ausreichend kochendem Salzwasser ca. 10 Minuten kochen, herausnehmen und gut abtropfen lassen. Die Blattstrünke heraustrennen, die Blätter zusammenrollen und noch heiß in eine Auflaufform legen. Mit den zuvor gerösteten Speckwürfeln anrichten.

1 Wirsing

Salz

200 g geröstete Speckwürfel

CREMIGES WIRSINGGEMÜSE

Vom Wirsing die Blätter abtrennen und in ausreichend kochendem Salzwasser ca. 10 Minuten garen, herausnehmen und gut abtropfen lassen. Den Kochsud für die Saucenherstellung beiseitestellen. Die Blattstrünke heraustrennen und die Blätter fein hacken. In einem Topf die Butter zerlassen, das Mehl zugeben und unter ständigem Rühren so viel Wirsingwasser zugießen und aufkochen, dass eine cremige Konsistenz entsteht. Den gehackten Wirsing zugeben und mit Salz, Pfeffer und Muskat abschmecken. Zum Schluss mit der Sahne verfeinern.

1 Wirsing

Salz

30 g Butter

2 EL Mehl

Pfeffer

Muskat

150 ml Sahne

ERBSEN

Die Erbsen in ausreichend kochendem Salzwasser ca. 15–20 Minuten garen, dann herausnehmen und gut abtropfen lassen. Die Butter in einem Topf zerlassen und die Erbsen zugeben. Mit Salz, Pfeffer und 1 kräftigen Prise Zucker abschmecken.

500 g frische Erbsen
Salz
2 EL Butter
Pfeffer
Zucker

GRÜNE BOHNEN

Die Bohnen putzen, waschen und in ausreichend kochendem Salzwasser ca. 25 Minuten kochen. Dann gut abtropfen lassen und in heißer Butter schwenken. Mit Salz und Pfeffer abschmecken.

500 g grüne Bohnen
Salz
2 EL Butter
Pfeffer

Andrea am Lech; Rieden

Andrea und Maisi; Weihnachten in München

GEBACKENER SELLERIE

Sellerie putzen, schälen, waschen und in ca. 1 cm dicke Scheiben schneiden. In ausreichend kochendem Salzwasser mit Zitronensaft ca. 10 Minuten bissfest kochen. Dann gut abtropfen lassen. Die Eier verquirlen. Die Selleriescheiben zunächst in Mehl wenden, dann durch die Eier ziehen und anschließend mit den Semmelbröseln panieren. Die Scheiben portionsweise in einer Pfanne in ausreichend heißem Öl von beiden Seiten goldbraun braten.

1 Knollensellerie

Salz

2 EL Zitronensaft

2 Eier

Mehl und Semmelbrösel zum Wenden

Öl zum Braten

ARTISCHOCKEN

Von den Artischocken die Stiele und das obere Drittel abschneiden. Die äußeren harten Blätter entfernen und die strohigen Blütenfäden herauszupfen. Die Böden in ausreichend kochendem Salzwasser mit Zitronensaft ca. 25–30 Minuten weich kochen. Dann die Artischocken gut abtropfen lassen und mit Sauce hollandaise servieren.

8 Artischocken

Salz

2 EL Zitronensaft

Sauce hollandaise

(siehe Seite 93)

Andrea, Michaela und Maisi; Mainsondheim 1967

GEFÜLLTE TOMATEN I

Die Tomaten waschen, einen Deckel abschneiden und aushöhlen. Das Fruchtfleisch entfernen. Für einen besseren Stand den Boden begradigen. Das Innere der Tomaten leicht salzen und mit dem Sahnemeerrettich füllen. Mit der Petersilie bestreut servieren.

250 g Kirschtomaten

Salz

1 Glas Sahnemeerrettich

1 EL gehackte Petersilie

GEFÜLLTE TOMATEN II

Die Eier mit dem Käse verrühren und mit Salz und Pfeffer würzen. Die Tomaten waschen, Strünke herausschneiden, einen Deckel abschneiden und aushöhlen. Das Fruchtfleisch entfernen. Für einen besseren Stand den Boden begradigen. Das Innere der Tomaten leicht salzen sowie pfeffern. Dann mit der Ei-Käse-Masse füllen und in eine gefettete Auflaufform setzen. Im vorgeheizten Backofen bei 180 °C Ober- und Unterhitze ca. 20–25 Minuten gratinieren.

2 Eier

4 EL geriebener Käse

Salz, Pfeffer

500 g Tomaten

Butter zum Einfetten

GEFÜLLTE TOMATEN III

Die Tomaten waschen, einen Deckel abschneiden und aushöhlen. Das Fruchtfleisch entfernen. Für einen besseren Stand den Boden begradigen. Das Innere der Tomaten leicht salzen sowie pfeffern. Die Zwiebeln schälen und in Würfel schneiden. In einer Pfanne in 1 EL heißer Butter glasig andünsten, würzen und die Zwiebelwürfel in die ausgehöhlten Tomaten füllen. Mit Semmelbröseln bestreuen und die restliche Butter darauf verteilen. Die Tomaten in eine gefettete Auflaufform setzen und im vorgeheizten Backofen bei 180 °C Ober- und Unterhitze ca. 10 Minuten backen.

4 Tomaten

Salz, Pfeffer

3 Zwiebeln

2 EL Butter

60 g Semmelbrösel

Butter zum Einfetten

GEFÜLLTE TOMATEN IV

Die Tomaten mit kochendem Wasser überbrühen und mit kaltem Wasser abschrecken. Die Strünke herausschneiden und die Haut abziehen. Für einen besseren Stand den Boden begradigen. Die Tomaten leicht salzen und mit den Mandelsplittern spicken. Die Tomaten in eine gefettete Auflaufform setzen, mit der zerlassenen Butter beträufeln und im vorgeheizten Backofen bei 180 °C Ober- und Unterhitze ca. 10 Minuten backen.

500 g Tomaten

Salz

100 g Mandelsplitter

Butter zum Einfetten

100 g zerlassene Butter

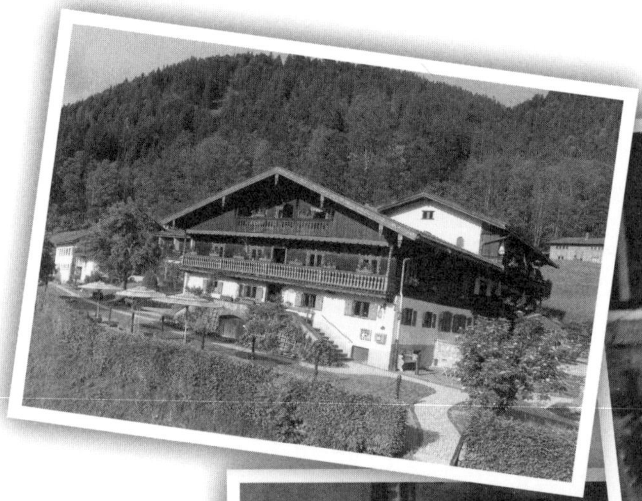
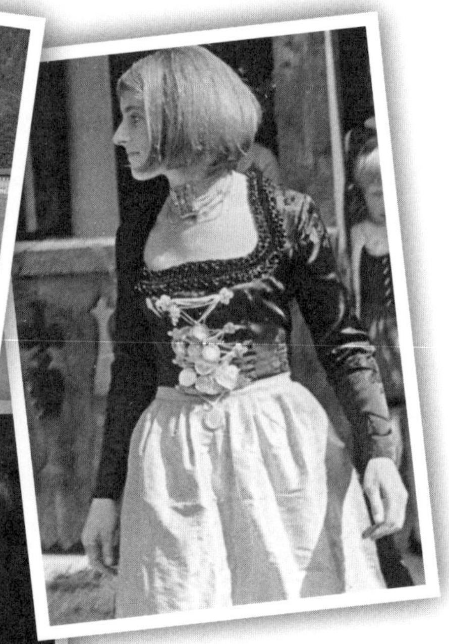
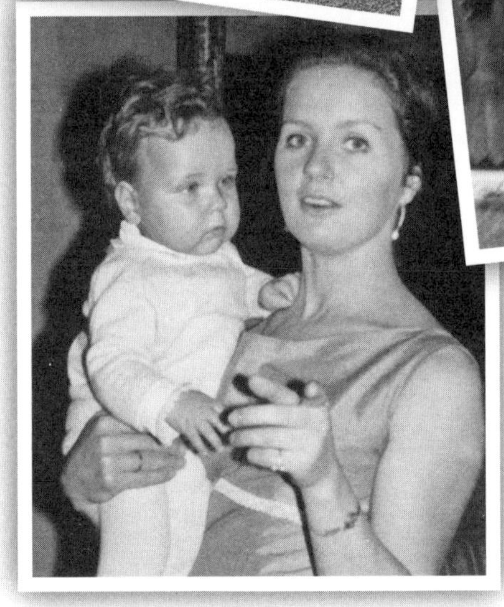

BEILAGEN

Maisi in Rieden

KARTOFFELPÜREE

Kartoffeln schälen, waschen und in Würfel schneiden. In einen Topf geben, zur Hälfte mit Wasser bedecken, salzen, aufkochen und bei mittlerer Hitze ca. 20–25 Minuten gar kochen. Überschüssiges Wasser abschütten, Kartoffeln etwas ausdampfen lassen und durch eine Kartoffelpresse drücken. Milch erwärmen, Butter darin zerlassen und zu den Kartoffeln gießen. Das Püree mit einem Schneebesen aufschlagen und mit Salz sowie Muskat abschmecken.

600 g mehligkochende Kartoffeln

Salz

250 ml Milch

30 g Butter

Muskat

BÉCHAMELKARTOFFELN

Die Sauce Béchamel wie beschrieben zubereiten und mit Salz, Zitronensaft und Petersilie verfeinern. Die Pellkartoffeln schälen, in Scheiben schneiden und mit der Sauce Béchamel vermischen.

Sauce Béchamel (siehe Seite 84)

Salz

1–2 EL Zitronensaft

½ Bund gehackte Petersilie

500 g heiße Pellkartoffeln

KARTOFFELKROKETTEN

Kartoffeln schälen, waschen und in Würfel schneiden. In einen Topf geben, zur Hälfte mit Wasser bedecken, salzen, aufkochen und bei mittlerer Hitze ca. 15–20 Minuten gar kochen. Überschüssiges Wasser abschütten, Kartoffeln etwas ausdampfen lassen und durch eine Kartoffelpresse drücken. Mit Mehl, Ei, Salz, Pfeffer sowie Muskat würzen und zu einem leichten Teig kneten. Auf einer bemehlten Arbeitsfläche zu etwa 1 cm dicken Rollen ausrollen und in Stücke schneiden. Diese in einem Topf in ausreichend Öl portionsweise goldgelb frittieren, auf Küchenpapier abtropfen lassen und heiß servieren.

600 g mehligkochende Kartoffeln

Salz

60 g Mehl

1 Ei

Pfeffer

Muskat

Mehl zum Bearbeiten

Öl zum Frittieren

PETERSILIENKARTOFFELN

Kartoffeln schälen, waschen und vierteln. In einen Topf geben, zur Hälfte mit Wasser bedecken, salzen, aufkochen und bei mittlerer Hitze ca. 20–25 Minuten gar kochen. Überschüssiges Wasser abschütten, die heißen Kartoffeln mit der Butter sowie der Petersilie vermischen und eventuell noch einmal nachsalzen.

600 g festkochende Kartoffeln

Salz

50 g Butter

1 Bund gehackte Petersilie

SCHWEIZER RÖSTI

Die ausgekühlten Kartoffeln schälen und auf einer groben Reibe reiben. Die Zwiebel schälen und in sehr feine Würfel schneiden. Die Zwiebelwürfel in einer Pfanne im heißen Öl anschwitzen, die Kartoffelraspel zugeben, salzen und mit einem Pfannenwender gleichmäßig an den Pfannenboden drücken. Bei mittlerer Hitze ca. 10 Minuten braten und das Rösti auf eine Platte stürzen.

400 g Pellkartoffeln

1 Zwiebel

Öl zum Braten

Salz

KARTOFFELBÄLLCHEN

Die ausgekühlten Pellkartoffeln schälen und durch eine Kartoffelpresse drücken. Die Kartoffelmasse mit Butter, Eigelben, Mehl, Salz, Pfeffer, Muskat sowie Käse vermischen. Aus der Masse kleine Bällchen formen und portionsweise im heißen Öl goldgelb frittieren. Dann auf Küchenpapier abtropfen lassen, salzen und heiß servieren.

300 g mehligkochende Pellkartoffeln

30 g weiche Butter

2 Eigelb

60 g Mehl

Salz, Pfeffer

Muskat

1 EL geriebener Käse

Öl zum Frittieren

Maisi und Michaela; Weihnachten in München

Großmutter Dita in Rieden

FRÄNKISCHE KLÖSSE

Kartoffeln schälen, waschen und in Würfel schneiden. In einen Topf geben, zur Hälfte mit Wasser bedecken, salzen, aufkochen und bei mittlerer Hitze ca. 20–25 Minuten gar kochen. Überschüssiges Wasser abschütten, Kartoffeln etwas ausdampfen lassen, durch eine Kartoffelpresse drücken und auskühlen lassen. Die Kartoffeln mit Mehl, Salz und Muskat mischen. Nur so viel heiße Milch zugießen, dass ein fester Knödelteig entsteht. Das Weißbrot in kleine Würfel schneiden und in ausreichend Butter rösten. Aus der Knödelmasse gleichmäßige Knödel formen und mit einigen Brotwürfeln füllen. Die Knödel in ausreichend siedendes Salzwasser geben und ca. 20 Minuten darin ziehen lassen, bis sie an die Oberfläche steigen. Herausnehmen, abtropfen lassen und sofort servieren.

1 kg mehligkochende Kartoffeln

Salz

125 g Kartoffelmehl

Muskat

400 ml heiße Milch

1 Scheibe Weißbrot

1 EL Butter

KARTOFFEL SUZETTE

Die Kartoffeln waschen und in einem Topf zur Hälfte mit Wasser bedeckt ca. 30–35 Minuten gar kochen. Das Wasser abschütten und die Kartoffeln vollständig auskühlen lassen. Von den Kartoffeln einen Deckel abschneiden und nur das Innere mit einem kleinen Löffel aushöhlen, sodass noch ein Rand stehen bleibt. Das Kartoffelinnere durch ein feines Sieb streichen und mit der Butter, der sauren Sahne, Salz, Pfeffer und Muskat verrühren. Die angerührte Kartoffelmasse wieder in die ausgehöhlten Kartoffeln spritzen und in eine gefettete Auflaufform legen. Im vorgeheizten Backofen bei 180 °C Ober- und Unterhitze ca. 15–20 Minuten backen.

4 gleichmäßig große Kartoffeln
100 g weiche Butter
75 g saure Sahne
Salz, Pfeffer
Muskat
Butter zum Einfetten

KARTOFFELPUFFER

Die Kartoffeln schälen, waschen und in eine Schale mit Essigwasser reiben. Die Kartoffelraspel in einem Haarsieb gut ausdrücken, mit Eiern, Mehl und Salz vermischen und in einer Pfanne in ausreichend heißem Öl portionsweise kleine Puffer backen. Auf Küchenpapier abtropfen lassen und z. B. mit Apfelmus servieren.

6 mehligkochende Kartoffeln

Essig

2 Eier

60 g Mehl

Salz

Öl zum Braten

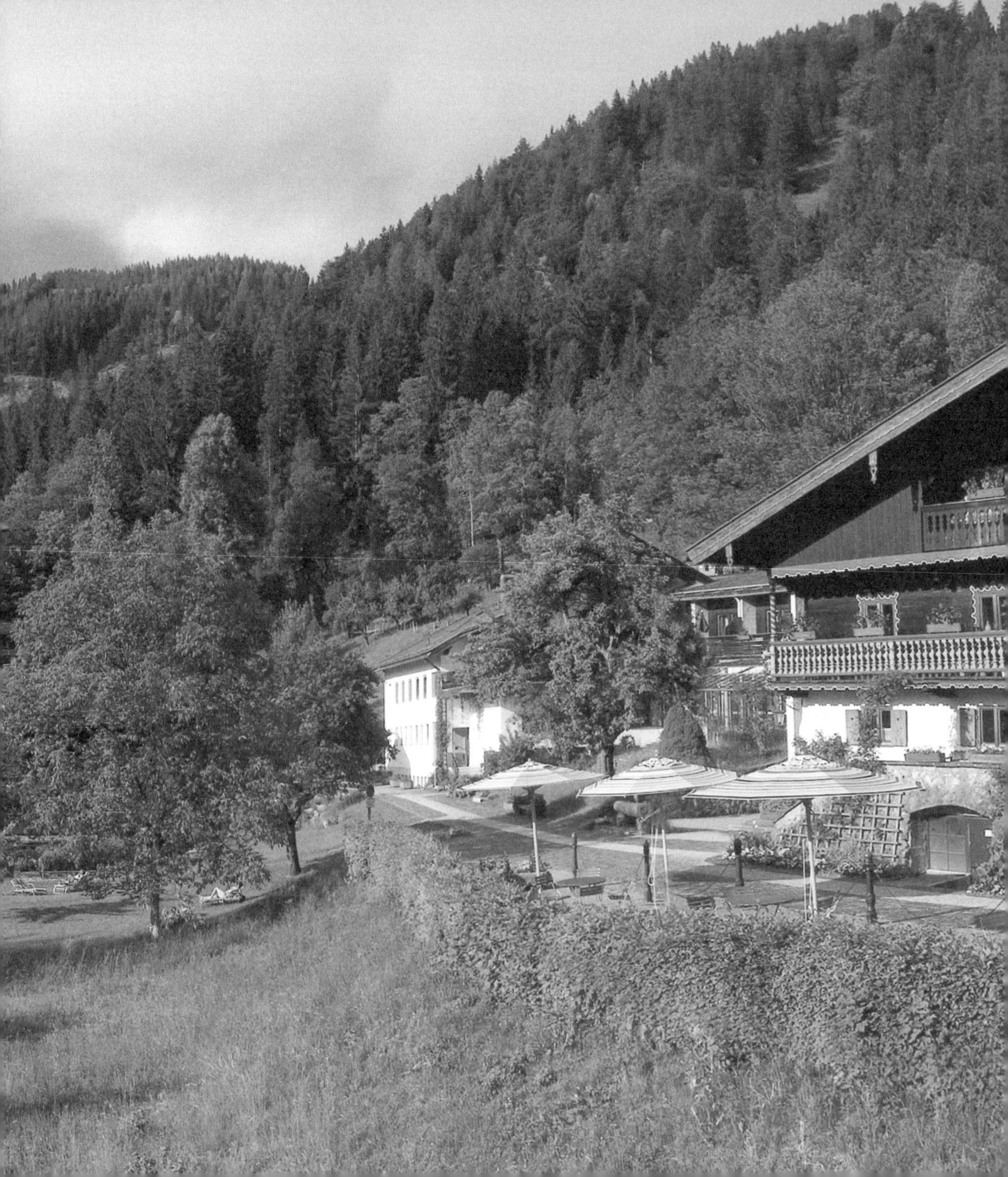

Der Tannerhof in Bayrischzell am Wendelstein

POMMES FRITES

Die Kartoffeln schälen, waschen und in pommesartige Stifte schneiden. Die Kartoffelstifte noch einmal gut abspülen, dann trocken tupfen und in ausreichend heißem Öl portionsweise goldgelb frittieren. Auf Küchenpapier abtropfen lassen und salzen.

400 g mehligkochende Kartoffeln

Öl zum Frittieren

Salz

Steffi in Rieden

Michaela Bentzel mit Benedikt; Weihnachten in Thurn

SERVIETTENKLOSS

Milch und Butter erwärmen, über das Knödelbrot gießen, vermischen und ca. 15 Minuten ziehen lassen. Die Zwiebel schälen, in Würfel schneiden und in einer Pfanne in heißer Butter glasig anschwitzen. Die Zwiebelwürfel mit Eiern, Salz, Pfeffer, Muskat sowie Kräutern unter die Knödelmasse mischen und zu einem Laib formen. Den Teiglaib in ein sauberes Küchenhandtuch geben, dieses zu einer Rolle wickeln und an den Enden mit Küchengarn zubinden. In einem Topf in ausreichend siedendem Wasser zugedeckt ca. 30 Minuten gar ziehen lassen. Anschließend auswickeln und in Scheiben schneiden.

200 ml Milch

50 g Butter

Knödelbrot von 6 Semmeln

1 Zwiebel

Butter zum Anschwitzen

2 Eier

Salz, Pfeffer

Muskat

2 EL gehackte Petersilie

2 TL gehackter Majoran

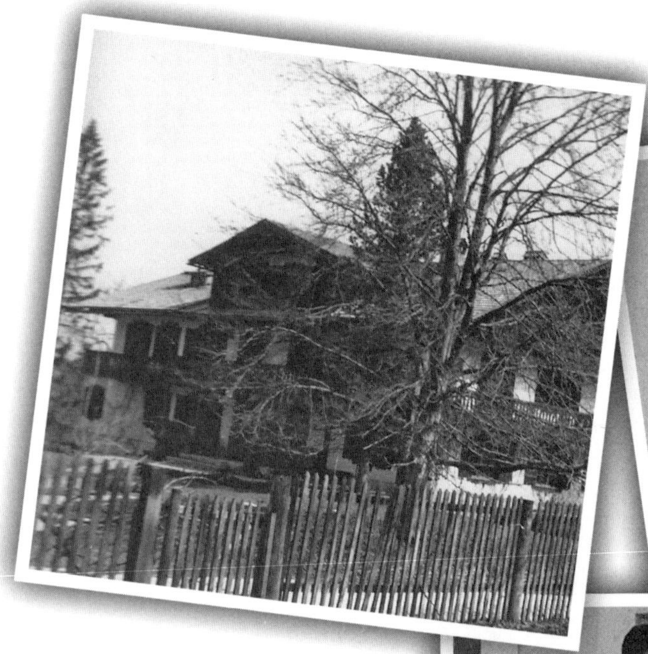

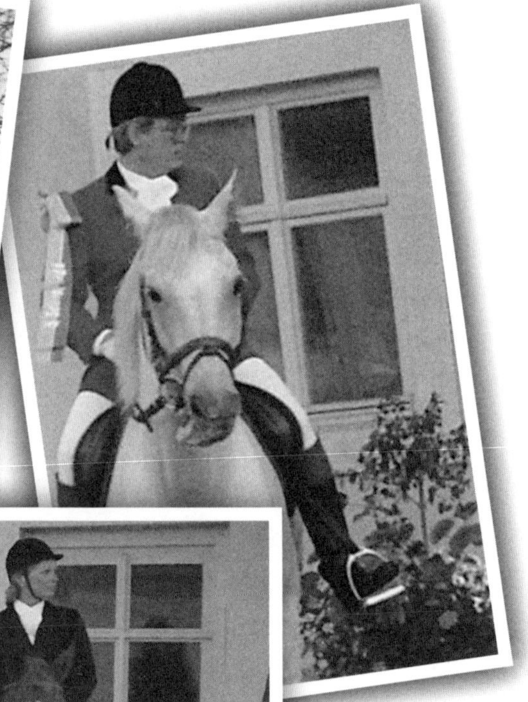

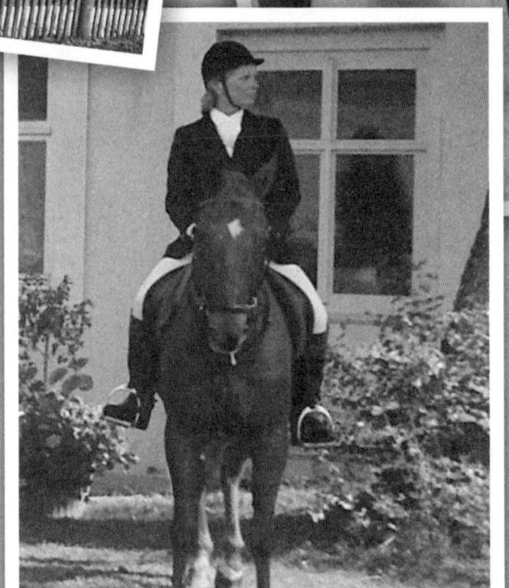

FISCH

Blick vom Tannerhof

Steffi und Michaela

FISCHVORBEREITUNG

Gilt für alle Fische!

Fisch gründlich waschen und mit Küchenpapier trocken tupfen. Salzen und mit dünnen Zitronenscheiben belegen. Mit Pergamentpapier bedeckt an die frische Luft oder Zugluft für 1 Stunde stellen. Alternativ mit Zitronensaft beträufeln und kurz ziehen lassen.

FISCH BLAU

Für den Sud das Suppengrün putzen, gegebenenfalls schälen und klein schneiden. Zwiebel schälen und vierteln. Suppengrün und Zwiebelviertel mit den restlichen Zutaten bis auf den Fisch in ausreichend Wasser ca. 15 Minuten kochen. Den ganzen Fisch* zugeben und je nach Größe zugedeckt bei niedriger Hitze gar ziehen lassen. Der Fisch ist gar, wenn sich die Rückenflosse einfach herausziehen lässt.

1 Suppengrün
1 Zwiebel
2 Schuss Essig
2 Stängel Petersilie
2 Zweige Thymian
1 Lorbeerblatt
10 Pfefferkörner
2 EL Salz
1 ganzer küchenfertiger Fisch*

*Forelle**

Die küchenfertige Forelle je nach Größe ca. 6–10 Minuten im Fischsud ziehen lassen. Mit zerlassener Butter, Zitronenscheiben und gehackter Petersilie anrichten.

*Gilt für alle auf der folgenden Seite aufgeführten Fischarten.

FISCH BLAU

*Karpfen**

Den küchenfertigen Karpfen je nach Größe ca. 15–20 Minuten im Fischsud ziehen lassen. Mit zerlassener Butter oder Meerrettichsauce (siehe Rezept Seite 89), Zitronenscheiben und gehackter Petersilie anrichten.

*Donauwaller**

Einen küchenfertigen Waller ca. 30 Minuten in ausreichend Fischsud gar ziehen lassen. Vor dem Servieren die Haut abziehen. Mit Dillsauce (siehe Rezept Seite 91) anrichten.

*Zander**

Einen küchenfertigen Zander in ausreichend Fischsud je nach Größe gar ziehen lassen. Vor dem Servieren die Haut abziehen. Mit Sauce mousseline (siehe Rezept Seite 97) überziehen, nach Belieben gratinieren und anrichten.

*Schleie**

Eine küchenfertige Schleie ca. 10 Minuten in ausreichend Fischsud gar ziehen lassen. Mit zerlassener Butter, Zitronenscheiben und gehackter Petersilie anrichten.

*Hecht**

Einen küchenfertigen Hecht ca. 25–30 Minuten in ausreichend Fischsud gar ziehen lassen. Mit zerlassener Butter, Zitronenscheiben und gehackter Petersilie anrichten.

*Angelschellfisch**

1 küchenfertiges Schwanzstück (ca. 750 g–1 kg) ca. 15 Minuten in ausreichend Fischsud gar ziehen lassen. Mit zerlassener Butter, Zitronenscheiben und gehackter Petersilie anrichten.

Rieden 1967

GEBACKENER FISCH

Filetstücke erst in Mehl, dann im verquirlten Ei und in Semmelbröseln wenden. Die Filets in ausreichend heißem Öl von beiden Seiten braten. Erst wenden, wenn sich ein brauner Rand zeigt. Nach Belieben mit Remouladensauce (siehe Rezept Seite 102) servieren.

4 Fischfilets*
Mehl zum Wenden
2 Eier
Semmelbrösel zum Wenden
Öl zum Braten

Goldbarschfilet*
Fisch wie oben beschrieben zubereiten und mit Remouladensauce (siehe Rezept Seite 102) servieren.

Gebackene Renke*
Renkenfilets in Mehl wenden und in zerlassener Butter von beiden Seiten braten. Mit Remouladensauce (siehe Rezept Seite 102) servieren.

Gebackene Seezunge*
Seezungenfilets in Mehl wenden und in zerlassener Butter kurz von beiden Seiten hellgelb braten. Mit Sauce mousseline (siehe Rezept Seite 97) oder Champignonsauce (siehe Rezept Seite 100) servieren.

GEBACKENE SEEZUNGE MIT AUBERGINEN

Die Seezungenfilets wie auf Seite 224 beschrieben backen und warm halten. Die Auberginen putzen, waschen und in runde Scheiben schneiden. Diese in einer Pfanne in ausreichend Butter von beiden Seiten braten und mit Salz sowie Pfeffer würzen. Die Seezungenfilets darauf legen und mit Sauce hollandaise begießen.

8 gebackene Seezungenfilets

1–2 Auberginen

Butter zum Braten

Salz, Pfeffer

Sauce hollandaise (siehe Seite 93)

SEEZUNGE IN WEISSWEIN

Seezungenfilets mit Salz und Pfeffer würzen, dann aufrollen, evtl. mit einem Zahnstocher feststecken. Kleine feuerfeste Förmchen mit Butter fetten und die Röllchen hineinstellen. Den Weißwein angießen, sodass er etwa 1 cm hoch im Förmchen steht. Die Fischröllchen so im vorgeheizten Backofen bei 160 °C Ober- und Unterhitze ca. 10 Minuten garen. Zum Servieren mit Dänischer Sauce begießen und mit Petersilie bestreut servieren.

8 Seezungenfilets

Salz, Pfeffer

Butter zum Einfetten

trockener Weißwein

Dänische Sauce (siehe Seite 98)

1 EL gehackte Petersilie

GEBACKENE SEEZUNGE MIT ARTISCHOCKEN

Die Seezungenfilets wie auf Seite 224 beschrieben backen. Auf den gegarten noch warmen Artischockenböden anrichten und mit Sauce mousseline begießen, dann servieren.

8 gebackene Seezungenfilets

8 gegarte Artischockenböden

Sauce mousseline (siehe Seite 97)

SEEZUNGENRÖLLCHEN GEBACKEN

Das Mehl mit Weißwein zu einem dickflüssigen Teig anrühren. Öl unterrühren und das steifgeschlagene Eiweiß unterheben. Für die Röllchen die Petersilie waschen, trocken schütteln, Blätter abzupfen und fein hacken. Die Knoblauchzehen schälen und durch eine Knoblauchpresse drücken. Petersilie, Knoblauch und Thymian mit etwas Öl zu einer dicken Paste anrühren. Mit Salz, Pfeffer und Safran würzen. Die Fischfilets salzen, pfeffern und mit der Paste bestreichen, dann zu einem Röllchen aufrollen, eventuell mit einem Zahnstocher feststecken und nacheinander durch den Ausbackteig ziehen. Die Röllchen in ausreichend heißem Öl portionsweise frittieren, dann auf Küchenpapier abtropfen lassen und mit Remouladensauce servieren.

Ausbackteig

60 g Mehl

trockener Weißwein

1–2 El Öl

1 steifgeschlagenes Eiweiß

Röllchen

2 Bund Petersilie

2 Knoblauchzehen

1 TL getrockneter Thymian

1–2 El Öl

Salz, Pfeffer

1 Prise Safranpulver

8 Seezungenfilets

außerdem

Öl zum Frittieren

Remouladensauce (siehe Seite 102)

SEEAAL FLORENTINER ART

Seeaal von dem Rückenstück ablösen, in rechteckige Stücke schneiden und in ausreichend heißem Fischsud ca. 5–8 Minuten gar ziehen lassen. Eine gebutterte Auflaufform mit Blattspinat auslegen. Mit Salz, Pfeffer und Muskat würzen. Seeaalstücke darauf legen und mit Sauce Mornay begießen. Champignons putzen, in Scheiben schneiden und in einer Pfanne in Öl dünsten. Die Champignonscheiben auf der Sauce verteilen. Im vorgeheizten Backofen bei 180 °C Ober- und Unterhitze ca. 10 Minuten überbacken.

750 g Seeaal

Fischsud (siehe Seite 221, ohne Essig)

Butter zum Einfetten

450 g gegarter Blattspinat

Salz, Pfeffer

Muskat

Sauce Mornay (siehe Seite 104)

200 g Champignons

2 EL Öl

Maisi 1942

HEILBUTT MIT TOMATENSAUCE

Die Heilbuttfilets in eine gefettete Auflaufform legen. Knoblauch schälen, pressen und mit Semmelbröseln, gehackter Petersilie und dem Käse vermengen. Alles über den Fischfilets verteilen, mit der Tomatensauce übergießen und im vorgeheizten Backofen bei 180 °C Ober- und Unterhitze ca. 25 Minuten backen. Mit der in Scheiben geschnittenen Zitrone servieren.

4 Heilbuttfilets

Butter zum Einfetten

1 Knoblauchzehe

2 EL Semmelbrösel

2 EL gehackte Petersilie

100 g geriebener Käse

Tomatensauce (siehe Seite 85)

1 Zitrone

GESPICKTER HECHT

Den Hecht innen und außen salzen und pfeffern. Dann jeweils links und rechts der Rückengräte mehrere Einschnitte im Abstand von 3 cm machen. Den Speck in Stifte schneiden, in die Einschnitte stecken und so den Hecht spicken. Ausreichend Weißwein in einen Bräter gießen, sodass der Boden etwa 1–2 cm hoch bedeckt ist. Den Hecht hineinlegen und abgedeckt im vorgeheizten Backofen bei 200 °C Ober- und Unterhitze ca. 20–25 Minuten garen. Der Fisch ist gar, wenn sich die Rückenflosse einfach herausziehen lässt. Mit Dillsauce servieren.

1 küchenfertiger Hecht (ca. 1 kg)
Salz, Pfeffer
100 g Speck am Stück
trockener Weißwein
Dillsauce (siehe Seite 91)

Maisi und Andrea; Weihnachten in der Kopernikusstraße, München

MUSCHELN

Muscheln gründlich waschen, geöffnete Muscheln aussortieren. Zwiebeln schälen und klein würfeln. Die Muscheln mit den Zwiebeln und Kräutern in einen Topf geben. Mit Pfeffer bestreuen und mit so viel Wasser aufgießen, dass der Boden etwa zwei fingerbreit bedeckt ist. Die Muscheln bei mittlerer Hitze ca. 10 Minuten garen, bis sie sich öffnen. Die Muscheln herausnehmen, die geschlossenen Muscheln entfernen und von den geöffneten Muscheln das Fleisch auslösen. Den Sud zur Hälfte einkochen, dann die Kräuter entfernen und mit der Butter andicken. Mit Salz und Pfeffer abschmecken und die Sauce über die Muscheln geben. Die Knoblauchzehen schälen, durch eine Presse drücken und zusammen mit der Petersilie über die Muscheln streuen.

1 kg Miesmuscheln
2 Zwiebeln
2 Stängel Petersilie
2 Zweige Thymian
Pfeffer
1 EL Butter
Salz
2 Knoblauchzehen
2 EL gehackte Petersilie

Hanni und Michaela; Schleppjagd in Thurn 1978

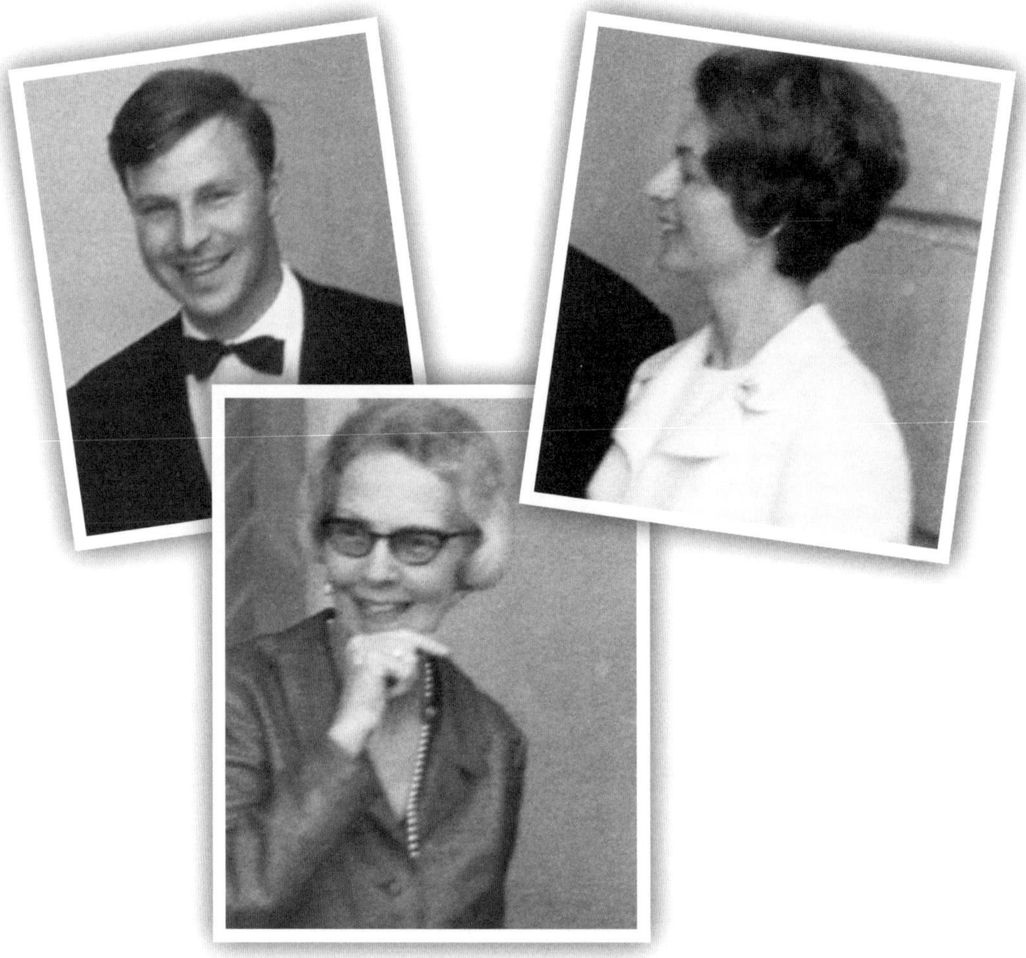

GEFLÜGEL

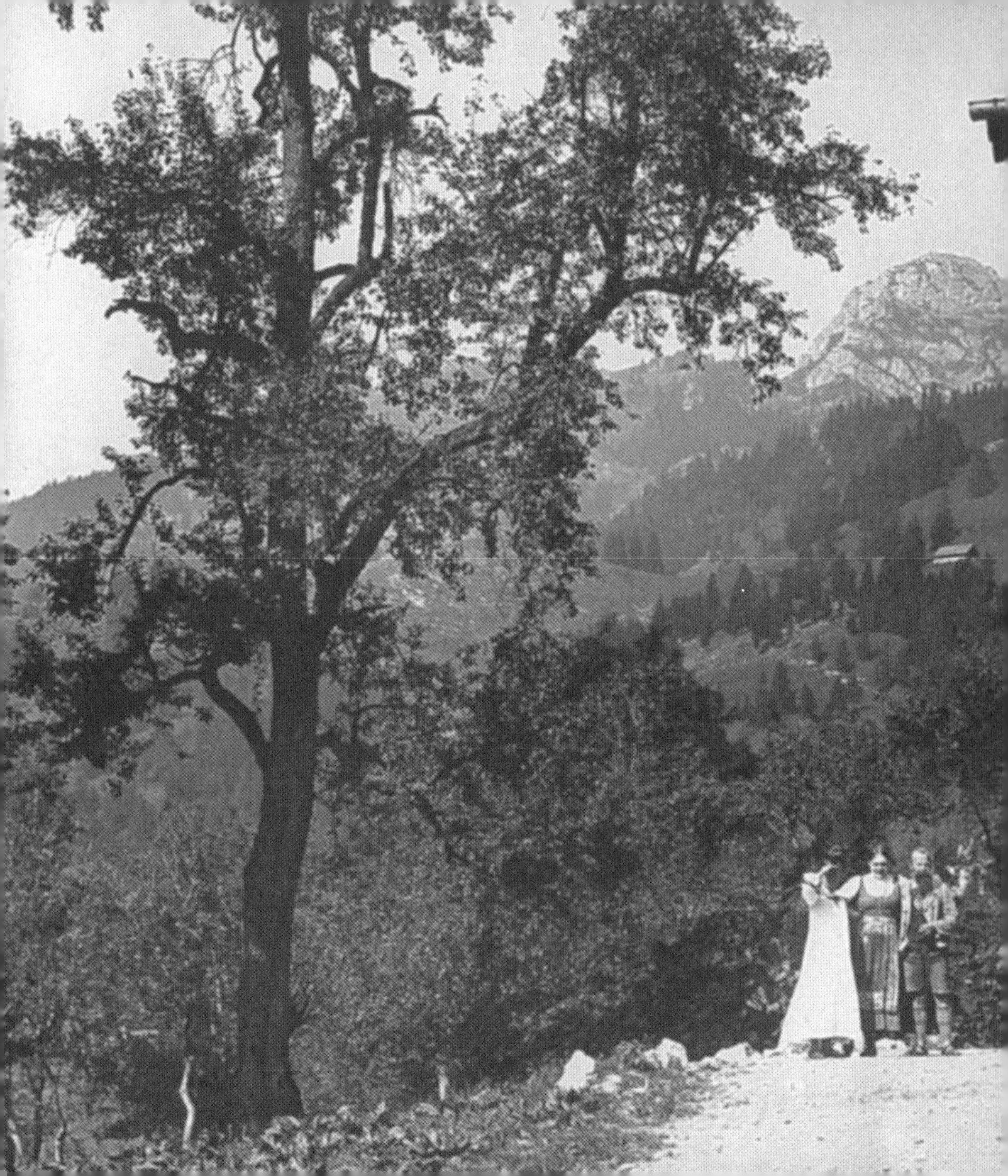

Familie Mengershausen, Tannerhof in Bayrischzell

HÜHNERFRIKASSEE

Das Huhn waschen und trocken tupfen. Das Suppengrün putzen, waschen, gegebenenfalls schälen und klein schneiden. Das Huhn zusammen mit dem Gemüse in einem Topf in ausreichend Salzwasser aufkochen und bei geringer Hitze ca. 40 Minuten kochen. Anschließend das Huhn herausnehmen und etwas abkühlen lassen. Die Hühnerbrühe durch ein Sieb passieren und die Flüssigkeit auffangen. Vom Huhn die Haut abziehen und das Fleisch von den Knochen lösen. Große Stücke klein schneiden.

Für die Sauce die Butter zerlassen und das Mehl einrühren. Unter ständigem Rühren so viel Hühnerbrühe zugießen, bis eine cremige Konsistenz entsteht und aufkochen. Die Hitze reduzieren und mit Salz, Pfeffer, Muskat und Zitronensaft abschmecken. Das Eigelb mit der Sahne verquirlen, einrühren und die Sauce damit binden. Das Fleisch zugeben, heiß werden lassen und nochmals abschmecken. Das Frikassee mit Petersilie bestreut zusammen mit Reis servieren.

1 Brathuhn
1 Bund Suppengrün
Salz
30 g Butter
2 EL Mehl
Pfeffer
Muskat
1–2 EL Zitronensaft
1 Eigelb
50 ml Sahne
2 EL gehackte Petersilie

HUHN SUPRÊME

Vom Huhn die Haut abziehen, die Knochen auslösen, die Hühnerteile mit Sauce suprême übergossen servieren.

1 gekochtes Brathuhn

Sauce suprême (siehe Seite 84)

PAPRIKABRATHUHN

Das Brathuhn waschen und trocken tupfen. Mit Salz und Paprikapulver einreiben und in einer Pfanne in heißer Butter rundherum anbraten, dann in eine Auflaufform legen und im vorgeheizten Backofen bei 180 °C Ober- und Unterhitze ca. 35 Minuten fertig braten. Zwischendurch mehrmals wenden.

1 Brathuhn

Salz

edelsüßes Paprikapulver

Butter zum Braten

POLLO ARROSTO

Das Brathuhn waschen, trocken tupfen und vierteln. Kräftig mit Salz, Pfeffer, Paprikapulver und Rosmarin würzen. Die Hühnchenteile in die Mitte einer gebutterten Auflaufform legen. Mit geriebenem Käse und Semmelbröseln bestreuen, dann mit Butterflöckchen belegen.

Die Kartoffeln und Karotten putzen, schälen, waschen und in dünne Scheiben hobeln. Die Kartoffelscheiben salzen und pfeffern und um die Hühnchenteile herum in der Auflaufform verteilen. Die Karottenscheiben mit Salz und Zucker würzen und um die Kartoffeln in der Auflaufform verteilen. Die Brühe in die Auflaufform gießen und im vorgeheizten Backofen bei 200 °C Ober- und Unterhitze ca. 1 Stunde garen.

1 Brathuhn

Salz, Pfeffer

edelsüßes Paprikapulver

2 TL getrockneter Rosmarin

Butter zum Einfetten

150 g geriebener Käse

60 g Semmelbrösel

50 g Butter

400 g vorwiegend festkochende Kartoffeln

300 g Karotten

Zucker

150 ml Hühner- oder Fleischbrühe

HUHN PROVENÇAL

Das Brathuhn waschen, trocken tupfen und vierteln. Kräftig mit Salz, Pfeffer und Paprikapulver würzen. Zwiebel und Knoblauch schälen und in Würfel schneiden. Tomaten waschen, Strünke entfernen und in Viertel schneiden.

Die Hühnerteile in einem Topf oder Bräter rundherum anbraten. Zwiebel, Knoblauch und Tomaten zugeben und bei mittlerer Hitze ca. 35 Minuten kochen. Währenddessen immer mal wieder einen Schuss Brühe zugießen. Nach Ende der Garzeit die Hühnerteile herausnehmen und den Sud mit Worcestersauce, Sahne und einem Schuss Weißwein verfeinern. Nochmals abschmecken und durch ein Sieb passieren.

1 Brathuhn

Salz, Pfeffer

edelsüßes Paprikapulver

1 Zwiebel

1 Knoblauchzehe

500 g Tomaten

Butter zum Braten

200 ml Hühner- oder Fleischbrühe

Worcestersauce

75 ml Sahne

trockener Weißwein

ENTE IN ORANGENSAUCE

Die Ente waschen und trocken tupfen. Innen und außen mit Salz und Majoran einreiben. 3 Orangen samt der weißen Haut schälen, die Ente damit füllen, mit Zahnstochern verschließen. Die restliche Orange auspressen und den Saft beiseitestellen. Die Ente in eine Auflaufform setzen und im vorgeheizten Backofen bei 200 °C Ober- und Unterhitze ca. 30 Minuten braten. Dann das entstandene Fett abgießen, Brühe in die Auflaufform gießen und die Hitze im Backofen auf 160 °C reduzieren. Weitere 1 ½ Stunden braten. Dabei mehrmals mit der Brühe begießen und wenden. Nach Ende der Garzeit die Ente herausnehmen und warm halten. Die Sauce mit dem Orangensaft und der Sahne verfeinern, mit Salz und Pfeffer abschmecken und zur gewünschten Konsistenz einkochen.

1 küchenfertige Ente

Salz

getrockneter Majoran

4 Orangen

150 ml Hühner- oder Fleischbrühe

150 ml Sahne

Pfeffer

Mum, Eyring und Ingeborg Rotenhan in Thurn

GANS

Die Gans waschen und trocken tupfen. Innen und außen mit Salz, Pfeffer und Majoran einreiben. Die Äpfel waschen, vierteln, das Kerngehäuse entfernen und die Apfelviertel in die Gans füllen. Die Öffnung mit Küchengarn vernähen oder mit Zahnstochern feststecken.

Die Gans in eine Auflaufform oder ein tiefes Backblech setzen und im vorgeheizten Backofen bei 200 °C Ober- und Unterhitze ca. 40 Minuten braten. Dann das entstandene Fett abgießen, Brühe in die Auflaufform gießen und die Hitze im Backofen auf 180 °C reduzieren. Weitere ca. 2 ½ Stunden (Garzeit pro ½ kg 20 Minuten) braten. Dabei mehrmals mit der Brühe begießen und wenden. Nach Ende der Garzeit die Gans herausnehmen und warm halten. Die Sauce nach Belieben mit in kaltem Wasser angerührter Speisestärke zur gewünschten Konsistenz binden und mit Salz sowie Pfeffer abschmecken.

1 küchenfertige Gans (ca. 4 kg)

Salz, Pfeffer

getrockneter Majoran

4 Äpfel

150–300 ml Hühner- oder Fleischbrühe

Speisestärke, nach Belieben

TRUTHAHN

Den Truthahn waschen und trocken tupfen. Innen und außen mit Salz, Pfeffer, Paprikapulver, Basilikum und Rosmarin einreiben. Den Truthahn in einem großen Bräter in der heißen Butter rundherum anbraten. Die Brühe angießen und den Truthahn im vorgeheizten Backofen bei 200 °C Ober- und Unterhitze ca. 2 ½–3 Stunden (Garzeit pro ½ kg 15 Minuten) braten. Während des Bratens immer wieder mit Brühe begießen und mehrmals wenden. Nach Ende der Garzeit den Truthahn herausnehmen und die Sauce mit der Sahne verfeinern. Die Sauce zur gewünschten Konsistenz einkochen und mit Salz und Pfeffer abschmecken.

Statt Truthahn können Sie auch einen Babyputer zubereiten. Hier verkürzt sich die Garzeit entsprechend dem Gewicht.

1 küchenfertiger Truthahn (ca. 5 kg)

Salz, Pfeffer

edelsüßes Paprikapulver

getrocknetes Basilikum

getrockneter Rosmarin

Butter zum Braten

300 ml Hühner- oder Fleischbrühe

250 ml Sahne

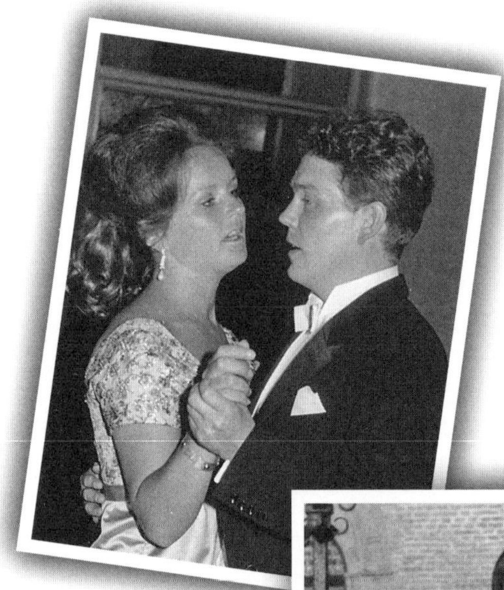
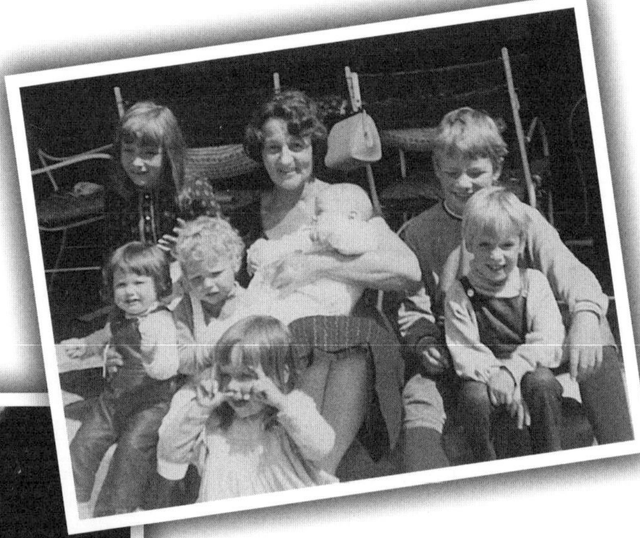
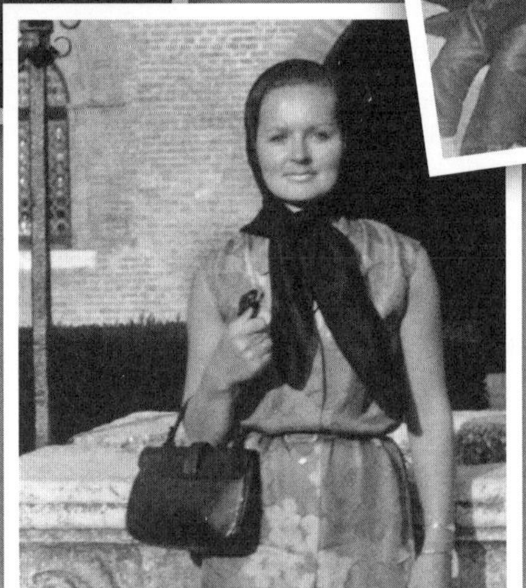

FLEISCH

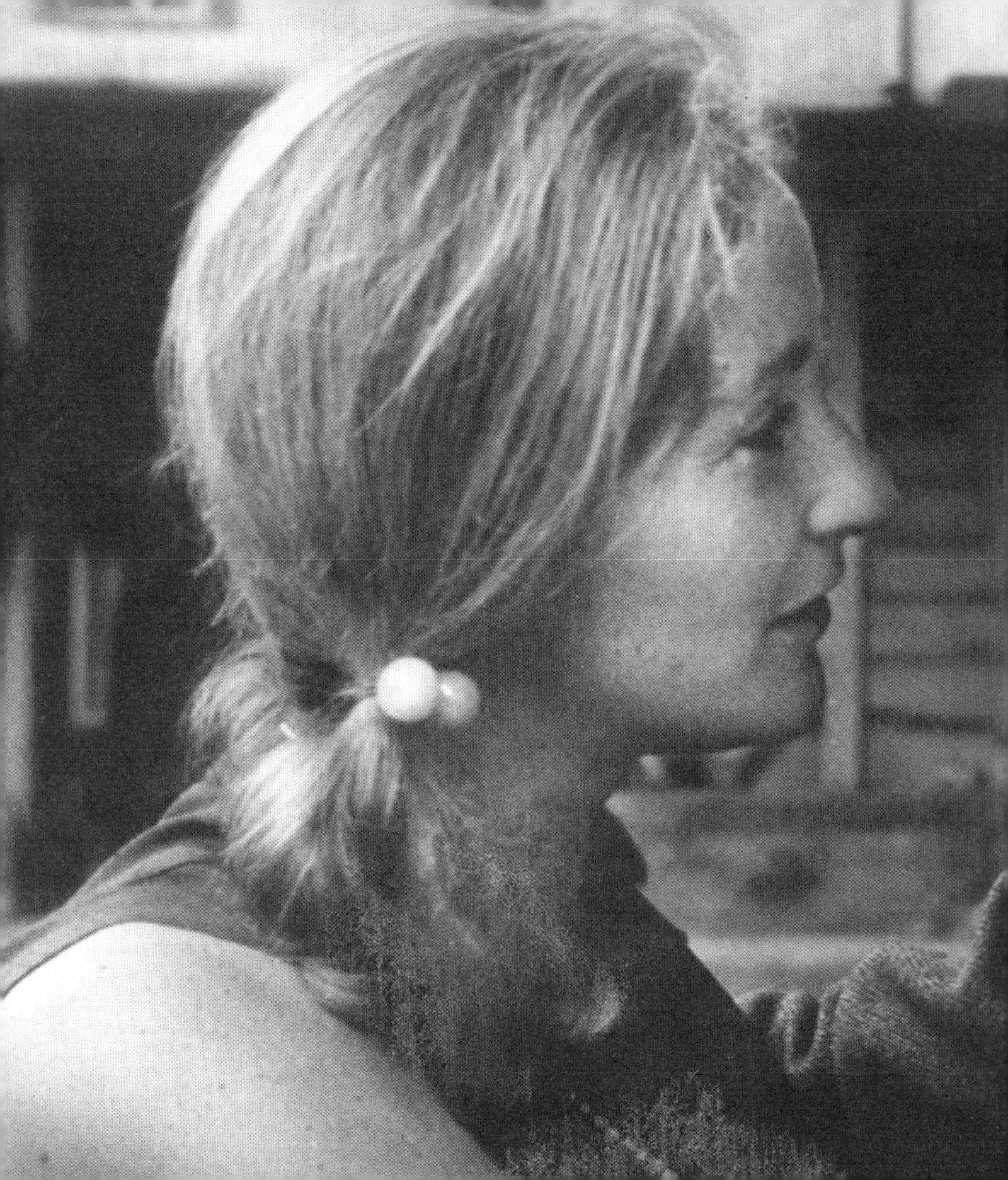

Andrea und Malte

KALBSBLANQUETTE

Das Kalbfleisch waschen und trocken tupfen. Suppengrün putzen, waschen, gegebenenfalls schälen und klein schneiden. Dann alles in ausreichend Salzwasser aufkochen und bei niedriger Hitze ca. 1 Stunde kochen. Nach Ende der Garzeit das Fleisch herausnehmen und warm halten. Den Kochsud durch ein Sieb passieren und die Flüssigkeit auffangen. Die Butter in einem Topf zerlassen. Das Mehl einrühren und unter ständigem Rühren so viel Kalbssud aufgießen, dass eine cremige Konsistenz entsteht und aufkochen. Die Zwiebelhälfte mit den Nelken spicken, zugeben und ca. 2 Minuten mitkochen. Dann herausnehmen und die Hitze reduzieren. Mit einem Schuss Weißwein verfeinern und die Sauce mit Salz, Pfeffer und Muskat abschmecken. Das Eigelb mit der Sahne verrühren und die Sauce damit binden. Das Fleisch in Scheiben aufschneiden und mit der Sauce übergossen servieren.

750 g Kalbfleisch (aus der Schulter)
1 Bund Suppengrün
Salz
30 g Butter
2 EL Mehl
½ geschälte Zwiebel
2 Nelken
trockener Weißwein
Pfeffer
Muskat
1 Eigelb
50 ml Sahne

KALBSFILET

Das Kalbsfilet waschen, trocken tupfen und in ca. 2 cm dicke Scheiben schneiden. Die Medaillons mit Salz und Pfeffer würzen und in einer Pfanne im heißen Öl von beiden Seiten braten. Herausnehmen und warm halten. Die Toastbrote vierteln und in der Pfanne in der heißen Butter von beiden Seiten braten. Die Medaillons noch einmal würzen und auf die Toastscheiben setzen. Mit heißer Sauce béarnaise übergießen und servieren.

1 küchenfertiges Kalbsfilet (ca. 600 g)

Salz, Pfeffer

3 EL Öl

2 Scheiben Toastbrot

50 g Butter

Sauce béarnaise (siehe Seite 94)

KALBSGULASCH

Das Fleisch waschen, trocken tupfen und in Würfel schneiden. Die Zwiebeln schälen, halbieren und in Scheiben schneiden. In einem Schmortopf im heißen Butterschmalz das Fleisch portionsweise anbraten. Mit der letzten Portion die Zwiebeln zugeben und mitbraten. Alles mit Salz, Pfeffer und Paprikapulver würzen. Mit der Brühe aufgießen, aufkochen und abgedeckt bei niedriger Hitze ca. 1–1 ½ Stunden schmoren, je nach Größe der Würfel. Die Champignons putzen und in Scheiben schneiden. Nach Ende der Garzeit zum Gulasch geben, unterrühren und kurz mitgaren. Die Sahne zugießen und nochmals abschmecken. Nach Belieben mit in kaltem Wasser angerührter Speisestärke zur gewünschten Konsistenz binden.

500 g Kalbsschulter

2 Zwiebeln

2 EL Butterschmalz

Salz, Pfeffer

edelsüßes Paprikapulver

500 ml Gemüse- oder Fleischbrühe

150 g Champignons

200 ml Sahne

Speisestärke, nach Belieben

PAPRIKA-RAHMSCHNITZEL

Die Schnitzel waschen, trocken tupfen, etwas flach klopfen und mit Salz, Pfeffer sowie Paprikapulver würzen. In einer Pfanne in heißem Öl und Butter von beiden Seiten kurz braten. Die Schnitzel herausnehmen, den Bratenansatz mit der Sahne aufgießen und aufkochen. Nochmals abschmecken, die Schnitzel wieder zugeben und heiß werden lassen.

4 Kalbsschnitzel

Salz, Pfeffer

edelsüßes Paprikapulver

3 EL Öl

1 EL Butter

200 ml Sahne

PARISER SCHNITZEL

Die Schnitzel waschen, trocken tupfen, etwas flach klopfen und mit Salz sowie Pfeffer würzen. Eier mit dem Mehl und 1 Prise Salz verquirlen. Die Schnitzel durch die Eimasse ziehen und in einer Pfanne in ausreichend heißem Butterschmalz von beiden Seiten braten.

4 Kalbsschnitzel

Salz, Pfeffer

4 Eier

3 EL Mehl

Butterschmalz zum Braten

WIENER SCHNITZEL

Die Schnitzel waschen, trocken tupfen, etwas flach klopfen und mit Salz, Pfeffer sowie Paprikapulver würzen. Die Eier verquirlen. Die Schnitzel zuerst in Mehl wenden, dann durch die Eier ziehen und anschließend in den Semmelbröseln panieren. In einer Pfanne in ausreichend heißem Butterschmalz von beiden Seiten goldbraun braten.

4 Kalbsschnitzel

Salz, Pfeffer

edelsüßes Paprikapulver

2 Eier

Mehl und Semmelbrösel zum Wenden

Butterschmalz zum Braten

CORDON BLEU

Die Schnitzel waschen, trocken tupfen, etwas flach klopfen und mit Salz sowie Pfeffer würzen. Die Schnitzel mit Käse und Schinken belegen und zusammenklappen. Bei Bedarf mit Zahnstochern feststecken. Die Eier verquirlen. Die Schnitzel zuerst in Mehl wenden, dann durch die Eier ziehen und anschließend in den Semmelbröseln panieren. In einer Bratpfanne in ausreichend heißem Butterschmalz von beiden Seiten goldbraun braten.

4 Kalbsschnitzel

Salz, Pfeffer

4 Scheiben Käse

4 Scheiben gekochter Schinken

2 Eier

Mehl und Semmelbrösel zum Wenden

Butterschmalz zum Braten

GESCHNETZELTES KALBFLEISCH

Das Kalbsgeschnetzelte waschen und trocken tupfen. Die Zwiebeln schälen, halbieren und in Scheiben schneiden. In einer Pfanne in der heißen Butter das Geschnetzelte portionsweise braten. Mit der letzten Portion die Zwiebeln zugeben und mitbraten. Alles mit Salz, Pfeffer und Paprikapulver würzen. Mit der Sahne aufgießen, aufkochen und zur gewünschten Konsistenz einkochen. Vor dem Servieren nochmals abschmecken und mit der Petersilie bestreuen.

500 g Kalbsgeschnetzeltes

2 Zwiebeln

2 EL Butter

Salz, Pfeffer

edelsüßes Paprikapulver

250 ml Sahne

2 EL gehackte Petersilie

KALBSBRUST

Für die Füllung die Zwiebel schälen und in Würfel schneiden. Die Speckwürfel in einer heißen Pfanne knusprig braten, die Zwiebelwürfel zugeben und mitbraten. Das Ganze abkühlen lassen und mit den restlichen Zutaten vermischen.
Die Kalbsbrust waschen und trocken tupfen. Eine Tasche einschneiden und das ganze Fleischstück mit Salz, Pfeffer und Paprikapulver würzen. Die Füllung in die Tasche verteilen und mit Küchengarn zunähen oder mit Zahnstochern feststecken. Die gefüllte Brust rundherum in einem Bräter in 75 g heißer Butter anbraten. Dann im vorgeheizten Backofen bei 180 °C Ober- und Unterhitze ca. 1 ½ Stunden braten. Dabei mehrmals wenden und immer wieder mit der restlichen Butter bestreichen.

Füllung
1 Zwiebel
100 g Speckwürfel
2 Eier
2–3 EL Semmelbrösel
½ Bund gehackte Petersilie
je 1 TL gehackter Majoran und Liebstöckel

Kalbsbrust
1 Kalbsbrust
Salz, Pfeffer
edelsüßes Paprikapulver
150 g weiche Butter

TAFELSPITZ

Den Tafelspitz waschen und trocken tupfen. Suppengrün putzen, waschen, gegebenenfalls schälen und klein schneiden. Zwiebel schälen und vierteln. Dann alles in ausreichend Salzwasser aufkochen und bei niedriger Hitze ca. 3 Stunden kochen. Das Fleisch ist gar, wenn man mit einer Fleischgabel hineinsticht und das Fleisch problemlos von der Gabel rutscht.

1 kg Tafelspitz (alternativ Rindfleisch aus der Schulter oder Brust)
2 Bund Suppengrün
1 Zwiebel
Salz

GULASCH

Das Fleisch waschen, trocken tupfen und in Würfel schneiden. Die Zwiebeln schälen, halbieren und in Scheiben schneiden. In einem Schmortopf im Butterschmalz das Fleisch portionsweise anbraten. Mit der letzten Portion die Zwiebeln zugeben und mitbraten. Mit Salz, Pfeffer und Paprikapulver würzen. Mit so viel Wasser aufgießen, bis das Fleisch bedeckt ist. Aufkochen und abgedeckt bei niedriger Hitze ca. 1½–2 Stunden schmoren, je nach Größe der Würfel. Zum Schluss noch einmal abschmecken sowie mit Tomatenmark und Sahne verfeinern.

500 g Rinderschulter

500 g Zwiebeln

2 EL Butterschmalz

Salz, Pfeffer

edelsüßes Paprikapulver

1 EL Tomatenmark

100 ml Sahne

SAUERBRATEN

Das Suppengrün putzen, waschen, gegebenenfalls schälen und klein schneiden. Zwiebel schälen und vierteln. Eine Marinade aus Essig, Wasser, dem vorbereiteten Gemüse, Lorbeerblatt, Pfefferkörnern und Thymian herstellen.

Das Rindfleisch waschen, trocken tupfen und mindestens 1 Nacht zuvor in die Marinade einlegen. Am nächsten Tag das Fleisch herausnehmen und etwas abtupfen. In einem Topf das Öl erhitzen und den Braten darin rundherum anbraten. Mit der Marinade aufgießen, aufkochen und zugedeckt bei geringer Hitze ca. 2 Stunden schmoren. Nach Ende der Garzeit das Fleisch herausnehmen und warm halten. Die Sauce passieren, mit etwas in kaltem Wasser angerührter Speisestärke zur gewünschten Konsistenz binden und mit Salz und Pfeffer abschmecken.

Marinade

1 Bund Suppengrün

1 Zwiebel

250 ml Essig

750 ml Wasser

1 Lorbeerblatt

10 Pfefferkörner

3 Zweige Thymian

Fleisch

1 kg Rinderbraten

Öl zum Braten

Speisestärke zum Binden

Salz, Pfeffer

RINDERCURRY

Das Fleisch waschen, trocken tupfen und in Würfel schneiden. Die Zwiebeln und den Knoblauch schälen und in Würfel schneiden. Den Apfel waschen, schälen, vierteln, das Kerngehäuse entfernen und in Spalten schneiden. In einem Topf im heißen Öl die Fleischwürfel portionsweise anbraten. Mit der letzten Portion Zwiebeln, Knoblauch, Speckwürfel und Apfelspalten zugeben. Mit Salz, Pfeffer sowie Currypulver würzen und mit so viel Wasser aufgießen, bis das Fleisch bedeckt ist. Aufkochen und abgedeckt bei niedriger Hitze ca. 2 Stunden weich kochen. Falls notwendig noch etwas Wasser zugießen und nach Belieben mit etwas Sahne verfeinern.

500 g Rinderschulter

2 Zwiebeln

1 Knoblauchzehe

1 Apfel

2 EL Öl

50 g Speckwürfel

Salz, Pfeffer

1 gehäufter TL Currypulver

50 ml Sahne, nach Belieben

Michaela und Hanni; 1967

*Großmutter Dita, Sylvia, Andrea, Niki,
Lexi und Christoph in Rieden*

GEDÄMPFTER RINDERBRATEN

Das Fleisch waschen und trocken tupfen. Mit Salz, Pfeffer und Thymian einreiben. In einem Topf oder Bräter das Butterschmalz zerlassen. Das Fleisch im heißen Fett rundherum anbraten. Mit dem Wasser aufgießen, aufkochen und zugedeckt bei geringer Hitze unter mehrmaligem Wenden ca. 2 ½ Stunden garen. Bei Bedarf noch etwas Wasser angießen. Nach Ende der Garzeit den Braten herausnehmen und warm halten. Die Sauce aufkochen und kräftig einkochen. Mit der Sahne aufgießen und nach Belieben mit in kaltem Wasser angerührter Speisestärke zur gewünschten Konsistenz binden. Nochmals abschmecken und mit dem Braten servieren.

1 kg Rinderfleisch (aus der Hüfte)

Salz, Pfeffer

2 TL gehackter oder getrockneter Thymian

2 EL Butterschmalz

300 ml Wasser

200 ml Sahne

Speisestärke, nach Belieben

RINDERROULADEN

Für die Füllung die Zwiebeln schälen und in feine Würfel schneiden. Mit den Speckwürfeln in einer Pfanne braten und auskühlen lassen. Die Gurken würfeln und untermengen. Die Rouladen waschen, trocken tupfen und von beiden Seiten mit Salz und Pfeffer würzen. Eine Seite mit Senf bestreichen. Die Füllung gleichmäßig darauf verteilen, aufrollen und mit Rouladennadeln feststecken oder mit Küchengarn binden. Die Rouladen in einem Topf oder Bräter im heißen Butterschmalz rundherum anbraten. Mit dem Wasser aufgießen, aufkochen und bei geringer Hitze ca. 2 Stunden schmoren. Bei Bedarf noch etwas Wasser angießen. Nach Ende der Garzeit die Rouladen herausnehmen und warm halten. Die Sauce aufkochen und kräftig einkochen. Mit der Sahne aufgießen und nach Belieben mit in kaltem Wasser angerührter Speisestärke zur gewünschten Konsistenz binden. Nochmals abschmecken und mit den Rouladen servieren.

2 kleine Zwiebeln

100 g Speckwürfel

2 kleine Essiggurken

4 Rinderrouladen (à ca. 170 g)

Salz, Pfeffer

4 TL mittelscharfer Senf

2 EL Butterschmalz

300 ml Wasser

200 ml Sahne

Speisestärke, nach Belieben

Schloss Thurn

FILET AM STÜCK

Das Rinderfilet waschen und trocken tupfen. Mit Salz und Pfeffer würzen. In einem Bräter im vorgeheizten Backofen bei 180 °C Ober- und Unterhitze ca. 20–25 Minuten braten. Das Fleisch alle 10 Minuten wenden. Nach Ende der Garzeit das Filet herausnehmen und warm halten. Den entstandenen Saucenfond mit einem kräftigen Schuss heißem Wasser lösen, aufrühren und die kalte Butter unterschlagen oder mit der Sahne aufgießen. Mit Salz und Pfeffer abschmecken.

1 küchenfertiges Rinderfilet (ca. 700 g)

Salz, Pfeffer

50 g kalte Butter

oder 200 ml Sahne

FILETSTEAK/TOURNEDOS

Das Rinderfilet waschen, trocken tupfen und in ca. 2 cm dicke Scheiben schneiden. Die Medaillons mit Küchengarn zu runden Stücken binden. Diese von beiden Seiten mit Öl einstreichen. Eine Pfanne aufheizen, die Medaillons in die heiße Pfanne legen und von beiden Seiten je nach Belieben kürzer oder länger braten. Mit Salz und Pfeffer würzen und servieren.

1 küchenfertiges Rinderfilet (ca. 700 g)
Öl zum Einstreichen
Salz, Pfeffer

Hochzeit von Michaela und Hanni; Schloss Mainsondheim, 1967

GULASCH À LA MINUTE

Zwiebel und Knoblauch schälen, die Zwiebel würfeln, den Knoblauch andrücken. Die Filetspitze waschen, trocken tupfen und in fingerdicke Streifen schneiden. Die Essiggurken längs in Streifen schneiden. Das Fleisch in einem Topf im heißen Butter-Öl-Gemisch rundherum anbraten, mit Salz, Pfeffer sowie Paprikapulver würzen und herausnehmen. Den Bratenansatz mit Madeira ablöschen und mit der Sahne aufgießen. Dann aufkochen und die Essiggurken sowie das Fleisch wieder zugeben. Heiß werden lassen und vor dem Servieren nochmals abschmecken.

1 Zwiebel

1 Knoblauchzehe

1 Filetspitze vom Rind (ca. 600 g)

2 Essiggurken

1 EL Butter

2 EL Öl

Salz, Pfeffer

edelsüßes Paprikapulver

2 cl Madeira

200 ml Sahne

SCHWEINEBRATEN

Das Schweinefleisch waschen, trocken tupfen und mit der Schwarte nach unten in einen Topf geben. Mit Wasser aufgießen, sodass die Schwarte etwa 2 cm hoch im Wasser steht. Das Ganze ca. 10 Minuten kochen, dann die Schwarte rautenförmig einritzen. Den Knoblauch schälen und fein hacken. Das Fleisch mit Salz, Pfeffer und dem Knoblauch einreiben und mit der Fleischseite nach unten in einen trockenen Bräter setzen. Im vorgeheizten Backofen bei 180 °C Ober- und Unterhitze ca. 1 ½–2 Stunden schmoren. Nach Ende der Garzeit den Braten herausnehmen und warm halten. Den Bratenansatz mit etwas heißem Wasser lösen und mit der Sahne aufgießen. Zur gewünschten Konsistenz einkochen. Nochmals abschmecken und mit dem Schweinebraten servieren.

1 kg Schweinefleisch mit Schwarte
3 Knoblauchzehen
Salz, Pfeffer
200 ml Sahne

SZEGEDINER GULASCH

Zwiebeln und Knoblauch schälen und klein schneiden. Gulasch waschen und trocken tupfen. Das Fleisch portionsweise in Butterschmalz anbraten. Mit der letzten Portion Zwiebeln und Knoblauch zugeben und mitbraten. Mit Salz, Pfeffer, Paprikapulver und 1 kräftigen Prise Zucker würzen. Das Sauerkraut untermengen und mit Wasser aufgießen. Aufkochen und zugedeckt bei geringer Hitze ca. 1 Stunde kochen. Gelegentlich umrühren und bei Bedarf noch etwas Wasser zugießen. Nach Ende der Garzeit den Tomatenketchup und die Sahne einrühren und nochmals abschmecken.

2 Zwiebeln

1 Knoblauchzehe

500 g Schweinegulasch

2 EL Butterschmalz

Salz, Pfeffer

edelsüßes Paprikapulver

Zucker

500 g Sauerkraut

500 ml Wasser

2 EL Tomatenketchup

150 ml Sahne

JUNGSCHWEINKEULE

Das Suppengrün putzen, waschen, gegebenenfalls schälen und klein schneiden. Die Keule waschen, trocken tupfen und in einem großen Bräter in ausreichend kochendem Salzwasser mit dem Suppengrün und einem guten Schuss Essig ca. 20 Minuten kochen. Nach Ende der Garzeit die Keule herausnehmen und die Haut kreuzförmig einritzen. Knoblauchzehen schälen, pressen und die Keule damit einreiben. Kräftig mit Salz, Pfeffer und Paprikapulver würzen. Die Keule in einen trockenen Bräter legen und im vorgeheizten Backofen bei 180 °C Ober- und Unterhitze ca. 1 Stunde braten.

1 Bund Suppengrün
1 Jungschweinekeule
Salz
Essig
2 Knoblauchzehen
Pfeffer
edelsüßes Paprikapulver

SCHWEINEKOTELETT I

Das Fleisch von den Knochen lösen, waschen und trocken tupfen. Das ausgelöste Fleisch etwas flach klopfen und mit Salz, Pfeffer und Paprikapulver würzen. In einer Pfanne in heißem Öl und Butter bei mittlerer Hitze von beiden Seiten braten.

4 Schweinekoteletts

Salz, Pfeffer

edelsüßes Paprikapulver

3 EL Öl

1 EL Butter

SCHWEINEKOTELETT II

Das Fleisch von den Knochen lösen. Dann waschen und trocken tupfen. Das ausgelöste Fleisch nur leicht klopfen und jeweils eine Tasche hinein schneiden. Diese mit dem Käse füllen und mit einem Zahnstocher feststecken. Die Koteletts mit Salz, Pfeffer und Paprikapulver würzen. In der Pfanne in heißem Öl und Butter bei mittlerer Hitze von beiden Seiten braten.

4 dicke Schweinekoteletts

4 kleine Scheiben Emmentaler

Salz, Pfeffer

edelsüßes Paprikapulver

3 EL Öl

1 EL Butter

Maisi, Tante Madeleine, Tante Clärchen;
Mainsondheim

*Maisi mit Enkeln Katharina Bechtolsheim, Burgi Mengershausen,
Benedikt Bentzel, Nina Bechtolsheim, Kilian Bentzel,
Matthias Bechtolsheim, Ruppi Bechtolsheim*

KALBSNUSS

Die Kalbsnuss waschen und trocken tupfen. Mit Salz, Pfeffer und Paprikapulver würzen. In einem Bräter im heißen Butterschmalz rundherum anbraten. Mit 150 ml Brühe aufgießen und im vorgeheizten Backofen bei 180 °C Ober- und Unterhitze zugedeckt ca. 1½–2 Stunden braten. Zwischendurch immer mal wieder wenden und die restliche Brühe angießen. Nach Ende der Garzeit das Fleisch herausnehmen und warm halten. Die Sauce mit Sahne aufgießen und zur gewünschten Konsistenz einkochen. Nochmals abschmecken und mit dem Braten servieren.

1 Kalbsnuss

Salz, Pfeffer

edelsüßes Paprikapulver

3 EL Butterschmalz

250 ml Gemüse- oder Fleischbrühe

80 ml Sahne

HAMMELKEULE

Zwei Tage zuvor die Keule waschen und trocken tupfen. Die Keule mit ausreichend Öl einpinseln. Rosmarin und Thymian waschen, trocken schütteln, die Blätter bzw. Nadeln abzupfen und die Keule damit einreiben. Die Keule abdecken und im Kühlschrank 2 Tage ziehen lassen. Nach Ende der Ziehzeit die Keule mit dem Knoblauch, Salz und Pfeffer einreiben und in einen Bräter oder auf ein Backblech geben. Im vorgeheizten Backofen bei 200 °C Ober- und Unterhitze je nach Gewicht ca. 20 Minuten pro Kilogramm braten. Nach der Hälfte der Garzeit die Keule wenden und etwa 300 ml Brühe angießen. Unter mehrmaligem Wenden und der Zugabe der restlichen Brühe fertig braten. Die fertige Keule herausnehmen. Den Sud mit der Sahne aufgießen und zur gewünschten Konsistenz einkochen. Nochmals abschmecken und zur Keule servieren.

1 küchenfertige Hammelkeule

Öl

1 Bund Rosmarin

1 Bund Thymian

4 gepresste Knoblauchzehen

Salz, Pfeffer

500 ml Fleischbrühe

200 ml Sahne

HAMMELKOTELETT

Das Fleisch von den Knochen lösen, waschen und trocken tupfen. Das ausgelöste Fleisch etwas flach klopfen und mit Salz, Pfeffer, Thymian und Knoblauch würzen. In einer Pfanne in heißem Öl von beiden Seiten braten.

4 Hammelkoteletts

Salz, Pfeffer

2 TL gehackter Thymian

2 gepresste Knoblauchzehen

3 EL Öl

FLEISCHPFLANZERL

Die Zwiebel schälen und fein würfeln. Petersilie waschen, trocken schütteln, die Blätter abzupfen und fein hacken. Das Hackfleisch mit Zwiebelwürfeln, gehackter Petersilie, Eiern, Mehl, Salz, Pfeffer, Thymian und Majoran vermischen. Daraus mit nassen Händen kleine Frikadellen formen. In der heißen Butter bei mittlerer Hitze von beiden Seiten braten.

1 kleine Zwiebel

½ Bund Petersilie

500 g gemischtes Hackfleisch

2 Eier

60 g Mehl

Salz, Pfeffer

getrockneter Thymian

getrockneter Majoran

Butter zum Braten

HACKBRATEN

Die Zwiebel schälen und fein würfeln. Das Hackfleisch mit Zwiebelwürfeln, Eiern, Mehl, Salz, Pfeffer, Petersilie, Thymian und Majoran vermischen. Aus der Masse einen Laib formen und in eine gefettete Auflaufform legen. Mit etwas Mehl bestäuben und mit dem Eiweiß bestreichen.
Die Fleischbrühe angießen und den Hackbraten im vorgeheizten Backofen bei 200 °C Ober- und Unterhitze ca. 45 Minuten braten. Dabei gelegentlich mit Brühe begießen. Nach Ende der Garzeit den Bratensaft mit Sahne oder Sauerrahm verfeinern.

1 kleine Zwiebel
500 g gemischtes Hackfleisch
2 Eier
60 g Mehl
Salz, Pfeffer
2 EL gehackte Petersilie
getrockneter Thymian
getrockneter Majoran
Butter zum Einfetten
Mehl zum Bestäuben
1 Eiweiß
100 ml Fleischbrühe
100 ml Sahne oder Sauerrahm

KÖNIGSBERGER KLOPSE

Weißbrotscheiben würfeln und in Milch einweichen. Das Hackfleisch mit Eiern, ausgedrückten Brotwürfeln, Salz, Pfeffer, Thymian und Majoran vermischen und mit nassen Händen gleichmäßige Klopse formen. Diese in ausreichend siedender Fleischbrühe mit dem Lorbeerblatt ca. 10 Minuten gar ziehen lassen.

In der Zwischenzeit für die Sauce die Butter zerlassen, das Mehl einrühren und unter ständigem Rühren soviel heiße Klopsbrühe zugießen, bis eine cremige Konsistenz entsteht. Aufkochen, die Sahne zugießen und die Hitze reduzieren. Mit Salz, Pfeffer und Zitronensaft abschmecken. Die Kapern abtropfen lassen und zugeben. Die Klopse in der Sauce servieren.

2 Scheiben Weißbrot

150 ml Milch

500 g gemischtes Hackfleisch

2 Eier

Salz, Pfeffer

getrockneter Thymian

getrockneter Majoran

Fleischbrühe

1 Lorbeerblatt

30 g Butter

2 EL Mehl

200 ml Sahne

Zitronensaft

1 Glas Kapern

Michaela, Hochzeitsreise; Venedig 1967

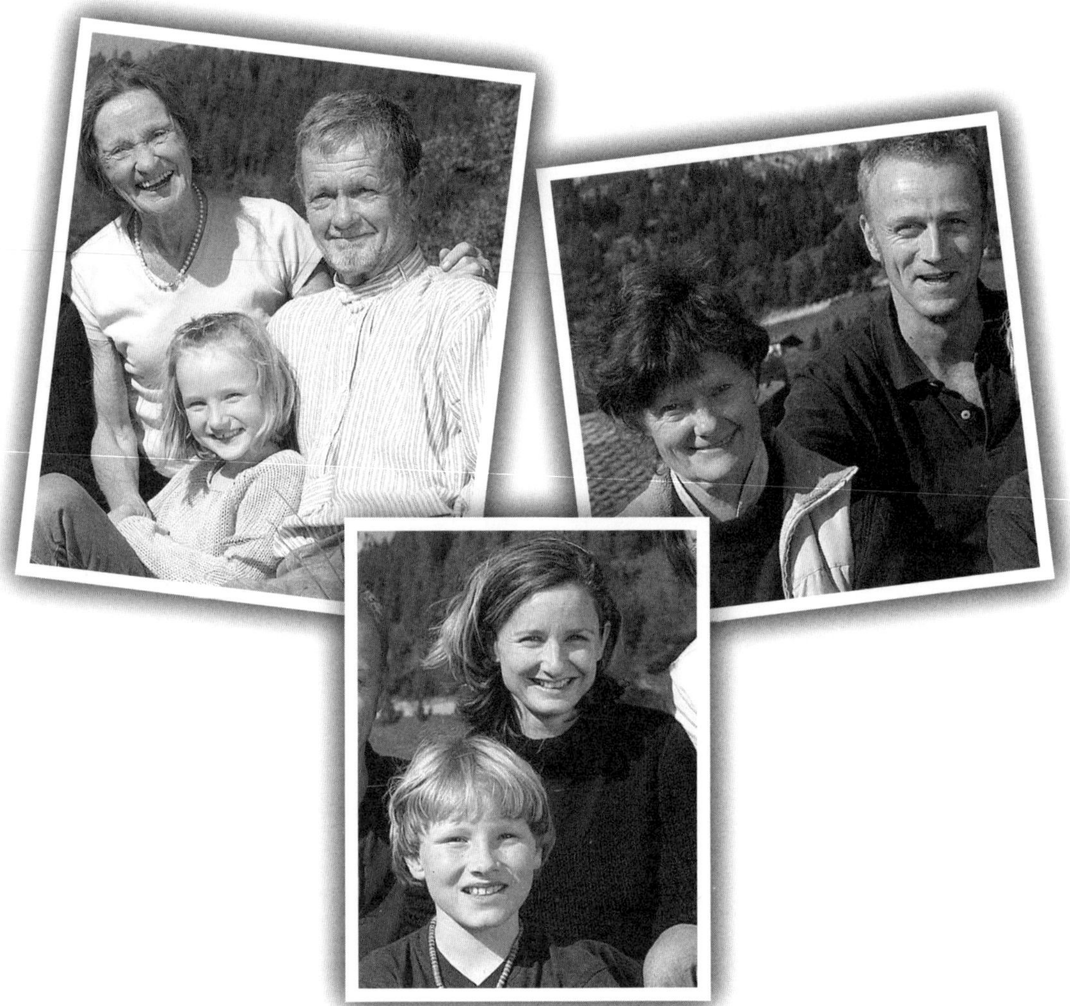

INNEREIEN

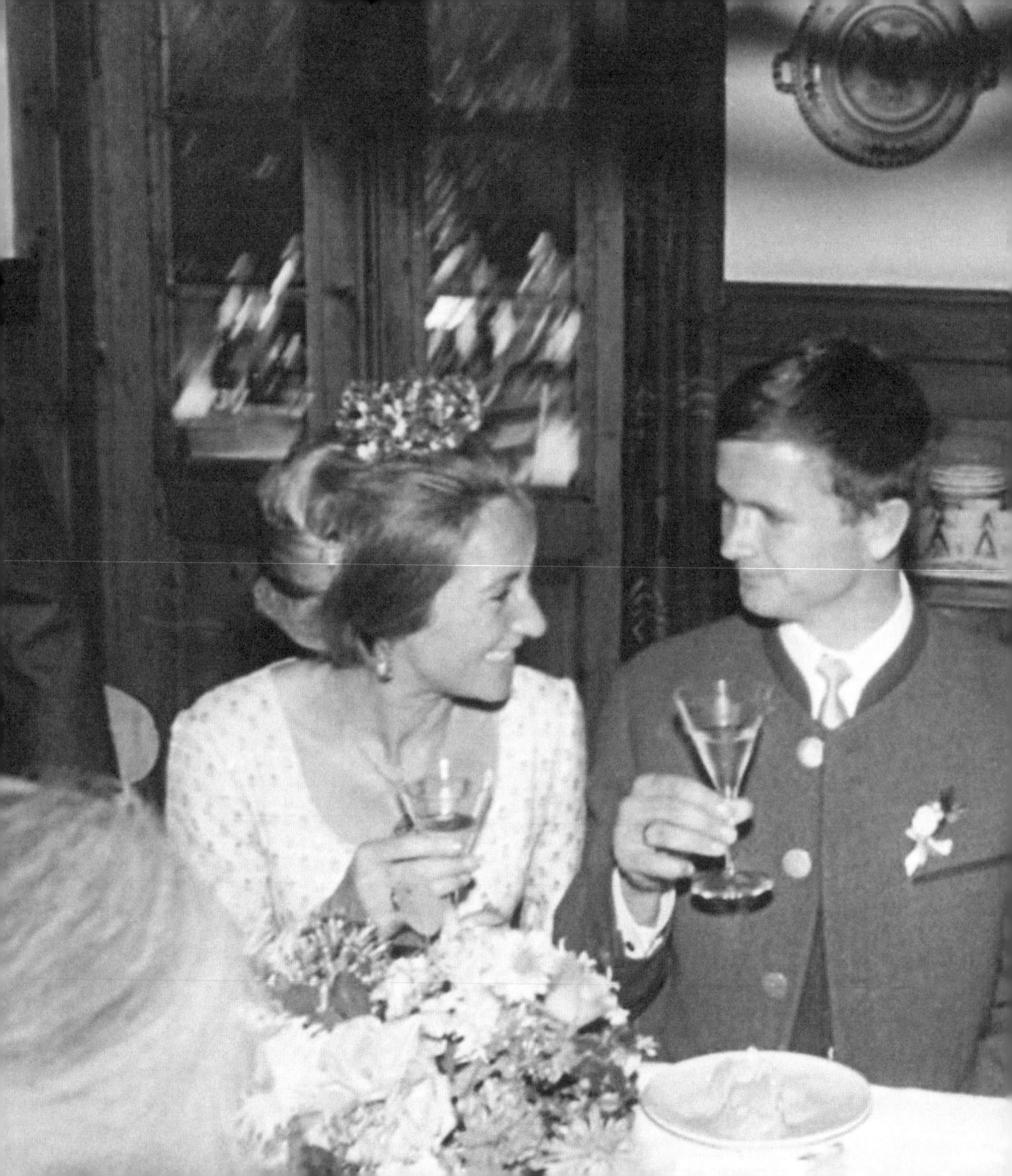

*Andrea, Malte und
Maisi in Rieden*

GEBACKENES HIRN

Das Hirn mit ausreichend kochendem Wasser übergießen, kurz ziehen lassen, dann herausnehmen und die Haut abziehen. Das Hirn in Scheiben schneiden, mit Salz und Zitronensaft würzen. Die Eier verquirlen. Die Scheiben zuerst im Mehl wenden, dann durch die Eier ziehen und in den Semmelbröseln panieren. In einer Pfanne in ausreichend heißer Butter von beiden Seiten braten. Die Zitrone in Scheiben schneiden. Die Kalbshirnscheiben mit gehackter Petersilie bestreuen und mit den Zitronenscheiben belegt servieren.

1 Kalbshirn

Salz

Zitronensaft

2 Eier

Mehl und Semmelbrösel zum Wenden

Butter zum Braten

1 Zitrone

2 EL gehackte Petersilie

HIRNPAVESEN

Hirn mit ausreichend kochendem Wasser übergießen, kurz ziehen lassen, dann herausnehmen und die Haut abziehen. Anschließend kleinschneiden. Zwiebeln schälen und würfeln. Zwiebelwürfel in Butter anschwitzen, das Hirn zugeben und unter Rühren kurz mitanschwitzen. Mit Salz, Pfeffer und Zitronensaft würzen. 2 Eier verquirlen und in die Pfanne geben. Mit Petersilie bestreuen, alles vermischen, stocken lassen und warm halten. Die Brotscheiben entrinden. Das restliche Ei mit der Milch verrühren und die Brotscheiben darin ca. 2 Minuten einlegen. Mit Öl in einer hohen Pfanne erhitzen und die Pavesen darin portionsweise schwimmend goldbraun ausbacken. Auf Küchenpapier abtropfen. Die fertigen Pavesen mit der Hirn-Ei-Masse bestreichen und zusammenklappen.

1 Kalbshirn
2 Zwiebeln
Butter zum Anschwitzen
Salz, Pfeffer
Zitronensaft
3 Eier
2 EL gehackte Petersilie
8 Weißbrotscheiben
300 ml Milch
Öl zum Braten

KALBSBRIES

Das Kalbsbries für ca. 10 Minuten in lauwarmes Wasser legen. Dann häuten und der Länge nach durchschneiden. Mit Salz und Zitronensaft würzen, in Mehl wenden und in einer Pfanne in heißer Butter von beiden Seiten braten. Mit Dillsauce übergossen servieren.

1 Kalbsbries

Salz

Zitronensaft

Mehl zum Wenden

Butter zum Braten

Dillsauce (siehe Seite 91)

Andrea beim Schwammerlsuchen in Rieden

Familie Mengershausen v. l. n. r. Nele Mengershausen, Roger Brandes (Ehemann von Burgi), Jonas, Burgi, Andrea, Malte, Romy

GESPICKTES KALBSBRIES

Kalbsbries für ca. 10 Minuten in lauwarmes Wasser legen. Dann häuten und der Länge nach durchschneiden. Mit dem Speck spicken und mit Salz, Pfeffer und Zitronensaft würzen. Die Zwiebel schälen und fein würfeln. Die Zwiebelwürfel in einer Pfanne in heißer Butter anbraten. Die Briesscheiben zugeben und von beiden Seiten mitanbraten. Mit Fleischbrühe aufgießen und bei mittlerer Hitze unter mehrmaligem Begießen mit Brühe in ca. 20–25 Minuten fertig braten.

2–3 Kalbsbries

150 g Speck

Salz, Pfeffer

Zitronensaft

1 Zwiebel

Butter zum Braten

100 ml Fleischbrühe

KALBSNIEREN

Die Nieren halbieren, Röhren und das Fett herausschneiden. Die Nieren in eine Schüssel mit Essigwasser legen und mindestens 1 Stunde wässern. Dabei das Wasser mehrmals wechseln. Dann die Nieren abtropfen lassen und in dicke Scheiben schneiden. In einer Pfanne in heißer Butter zügig von allen Seiten braten. Mit Sherry oder Weinbrand ablöschen und mit der Sahne aufgießen. Vor dem Anrichten mit Salz sowie Pfeffer würzen und abschmecken.

Statt Kalbsnieren können auch Rinder- oder Hammelnieren verwendet werden.

2 Kalbsnieren

Essig

Butter zum Braten

Sherry oder Weinbrand

150 ml Sahne

Salz, Pfeffer

Hans Emich Meyern-Hohenberg
Ehemann von Maisi

KALBSLUNGE

Die Lunge gründlich wässern. Das Suppengrün putzen, waschen, gegebenenfalls schälen und klein schneiden. Zusammen mit der Lunge, Lorbeerblatt und einem Schuss Essig in ausreichend Salzwasser aufkochen und bei geringer Hitze ca. 20 Minuten kochen. Dann die Lunge herausnehmen, etwas abkühlen lassen und in feine Streifen schneiden. Die Lungenbrühe durch ein Sieb gießen und die Flüssigkeit auffangen.

Für die Sauce die Butter zerlassen, das Mehl zugeben und unter ständigem Rühren mit so viel Lungenbrühe aufgießen, dass eine cremige Konsistenz entsteht und aufkochen. Die Nelke zugeben und bei niedriger Hitze ca. 3 Minuten mitkochen, dann entfernen. Die Lungenstreifen zugeben, heiß werden lassen und alles mit Salz, Pfeffer, Rosmarin, Zitronensaft sowie Worcestersauce abschmecken. Nach Belieben mit Sahne und Gurkenstreifen verfeinern.

1 Kalbslunge

1 Bund Suppengrün

1 Lorbeerblatt

Essig

Salz

30 g Butter

2 EL Mehl

1 Nelke

Pfeffer

gemahlener Rosmarin

Zitronensaft

Worcestersauce

100 ml Sahne, nach Belieben

4 Essiggurken in Streifen

KALBSLEBER

Die Lebern gründlich wässern, von Haut und Sehnen befreien und trocken tupfen. Dann in feine Streifen schneiden. Zwiebel schälen und in Scheiben schneiden. Die Speckwürfel in einer Pfanne knusprig braten. Zwiebelscheiben zugeben und mitbraten. Die Leberstreifen zugeben und unter ständigem Wenden zügig braten. Mit der Sahne ablöschen und vor dem Servieren mit Salz und Pfeffer abschmecken.

3 Kalbslebern
1 Zwiebel
50 g Speckwürfel
150 ml Sahne
Salz, Pfeffer

SAURE LEBER

Die Lebern gründlich wässern, von Haut und Sehnen befreien und trocken tupfen. Dann in feine Scheiben schneiden. Im heißen Butterschmalz zügig braten. Mehl darüber stäuben und mit der Fleischbrühe ablöschen. Einen Schuss Essig zugießen und mit Salz sowie Pfeffer abschmecken.

4 Kalbs- oder Rinderlebern

Butterschmalz zum Braten

1 EL Mehl

100 ml Fleischbrühe

Essig

Salz, Pfeffer

GEBRATENE HÜHNERLEBER

Die Lebern von Haut und Sehnen befreien, gründlich waschen und trocken tupfen. In der heißen Butter von allen Seiten zügig braten. Dann mit einem Schuss Madeira ablöschen und mit Sahne aufgießen. Vor dem Servieren mit Salz und Pfeffer würzen.

4 Hühnerlebern

Butter zum Braten

Madeira

100 ml Sahne

Salz, Pfeffer

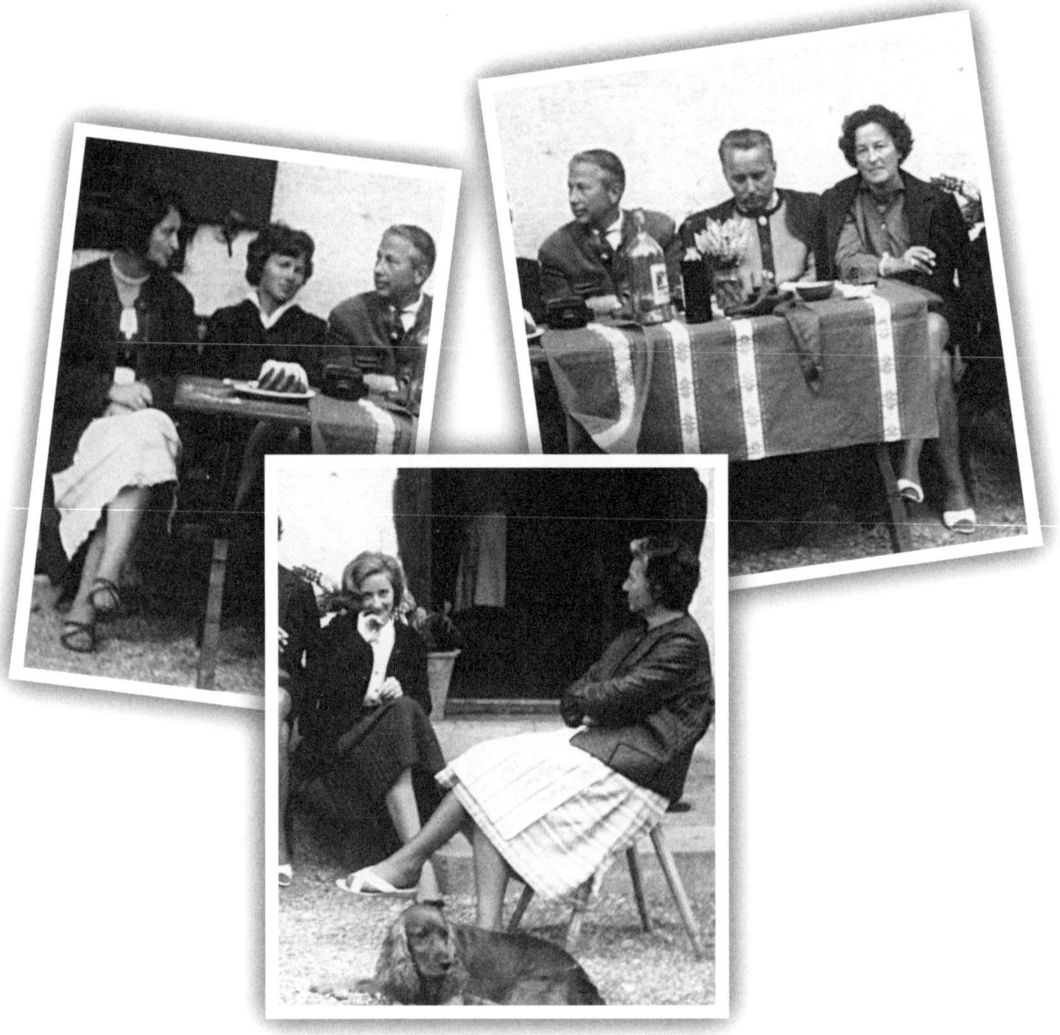

WILD

REHRÜCKEN

Den Rehrücken von Sehnen und Häuten befreien, waschen und trocken tupfen. Dann mit Salz, Pfeffer und zerdrückten Wacholderbeeren einreiben. In ausreichend heißer Butter von allen Seiten anbraten, mit Fleischbrühe aufgießen. Im vorgeheizten Backofen bei 180 °C Ober- und Unterhitze in ca. 25 Minuten fertig braten. Dabei häufig mit Fleischbrühe begießen. Nach Ende der Garzeit den Rehrücken herausnehmen und warm halten. Die Sauce mit Sahne aufgießen, auf die gewünschte Konsistenz einkochen und mit Salz sowie Pfeffer abschmecken.

1 Rehrücken (ca. 1,2 kg)

Salz, Pfeffer

5 Wacholderbeeren

Butter zum Braten

150–300 ml Fleischbrühe

200 ml Sahne

REHKEULE

Das Rehfleisch von Sehnen und Häuten befreien, waschen und trocken tupfen. Dann mit Salz, Pfeffer und zerdrückten Wacholderbeeren einreiben. In ausreichend heißer Butter von allen Seiten anbraten und im vorgeheizten Backofen bei 180 °C Ober- und Unterhitze unter häufigem Wenden ca. 40 Minuten braten. Dann mit Fleischbrühe aufgießen und weitere 20 Minuten braten. Dabei immer wieder mit Brühe begießen und einmal wenden. Nach Ende der Bratzeit das Keulenfleisch herausnehmen und warm halten. Die Sauce mit Sahne aufgießen, auf die gewünschte Konsistenz einkochen und mit Salz sowie Pfeffer abschmecken.

1 ausgelöste Rehkeule (ca. 1,5 kg)
Salz, Pfeffer
5 Wacholderbeeren
Butter zum Braten
150–300 ml Fleischbrühe
200 ml Sahne

HASENRÜCKEN

Die Hasenrücken von Sehnen und Häuten befreien, waschen und trocken tupfen. Den Speck klein schneiden und die Hasenrücken damit spicken. Dann mit Salz, Pfeffer und zerdrückten Wacholderbeeren einreiben. In ausreichend heißer Butter von allen Seiten anbraten, mit Fleischbrühe aufgießen und im vorgeheizten Backofen bei 180 °C Ober- und Unterhitze ca. 35 Minuten braten. Dabei immer wieder mit Brühe begießen und wenden. Nach Ende der Bratzeit die Hasenrücken herausnehmen und warm halten. Die Sauce mit Sahne aufgießen, auf die gewünschte Konsistenz einkochen und mit Salz sowie Pfeffer abschmecken.

2 Hasenrücken

60 g Speck

Salz, Pfeffer

5 Wacholderbeeren

Butter zum Braten

150 ml Fleischbrühe

150 ml Sahne

HASENGESCHNETZELTES

Das Keulenfleisch von Sehnen sowie Häuten befreien, waschen, trocken tupfen und in feine Streifen schneiden. Zwiebel schälen und würfeln. Den Speck in einer Pfanne knusprig braten, Zwiebelwürfel zugeben und mitbraten. Die Butter zugeben und die Fleischstreifen darin unter ständigem Wenden braten. Mit Salz, Pfeffer, Thymian und Basilikum würzen. Mit einem Schuss Rotwein ablöschen und mit Sahne aufgießen. Aufkochen, Lorbeerblatt mit Nelke spicken und ca. 2 Minuten mitkochen, dann entfernen. Die Sauce mit Gelee und Orangensaft verfeinern, nochmals abschmecken. Mit der Petersilie bestreut servieren.

1 ausgelöste Hasenkeule
1 Zwiebel
50 g Speckwürfel
1 EL Butter
Salz, Pfeffer
getrockneter Thymian
getrocknetes Basilikum
trockener Rotwein
150 ml Sahne
1 Lorbeerblatt
1 Nelke
1 TL Johannisbeergelee
Saft von ½ Orange
2 EL gehackte Petersilie

REBHUHN

Die Rebhühner waschen und trocken tupfen. Innen und außen mit Salz, Pfeffer und den zerdrückten Wacholderbeeren einreiben. Die Butter in den Rebhühnern verstreichen und jeweils die Schale von 1 Apfel hineingeben. Die Brüste der Rebhühner mit den Speckscheiben belegen und feststecken. Die Rebhühner in einem Bräter in ausreichend heißer Butter von allen Seiten braten. Die Fleischbrühe angießen. Im vorgeheizten Backofen bei 200 °C Ober- und Unterhitze in ca. 30 Minuten fertig braten. Dabei häufiger wenden und mit Fleischbrühe begießen. Nach Ende der Garzeit die Rebhühner herausnehmen und warm halten. Die Sahne zugießen, zur gewünschten Konsistenz einkochen und mit Salz sowie Pfeffer abschmecken.

2 küchenfertige Rebhühner
Salz, Pfeffer
8 Wacholderbeeren
2 EL Butter
Schale von 2 Äpfeln
6 Scheiben Speck
Butter zum Braten
150 ml Fleischbrühe
200 ml Sahne

*Maisi, Sylvia, Onkel York, Ignaz, Tante Inge und Andrea,
vor dem großen Haus in Rieden*

FASAN

Den Fasan waschen und trocken tupfen. Innen und außen mit Salz, Pfeffer und den zerdrückten Wacholderbeeren einreiben. Den Apfel waschen, vierteln, das Kerngehäuse entfernen und die Apfelstücke mit dem Thymian in den Fasan füllen. Die Brüste des Fasans mit den Speckscheiben belegen und feststecken. Den Fasan in einem Bräter in ausreichend heißer Butter von allen Seiten braten. Die Fleischbrühe angießen. Im vorgeheizten Backofen bei 200 °C Ober- und Unterhitze in ca. 45 Minuten fertig braten. Dabei häufiger Wenden und mit Fleischbrühe begießen. Nach Ende der Garzeit den Fasan herausnehmen und warm halten. Rotwein und Sahne zugießen, zur gewünschten Konsistenz einkochen und mit Salz sowie Pfeffer abschmecken.

1 küchenfertiger Fasan
Salz, Pfeffer
5 Wacholderbeeren
1 Apfel
1 EL gehackter Thymian
3 Scheiben Speck
Butter zum Braten
100 ml Fleischbrühe
50 ml trockener Rotwein
200 ml Sahne

WILDSCHWEINRÜCKEN

Den Wildschweinrücken von Häuten und Sehnen befreien, waschen und trocken tupfen. Mit Salz, Pfeffer, Thymian und zerdrückten Wacholderbeeren einreiben. Das Fleisch im heißen Butterschmalz von allen Seiten anbraten. Mit Rotwein ablöschen und mit Brühe aufgießen. Den Wildschweinrücken im vorgeheizten Backofen bei 200 °C Ober- und Unterhitze in ca. 1 Stunde fertig braten. Dabei immer wieder mit dem Bratensaft begießen. Nach Ende der Garzeit das Fleisch herausnehmen und warm halten. Die Sahne zugießen, zur gewünschten Konsistenz einkochen und mit Salz, Pfeffer, Worcestersauce sowie Zitronensaft abschmecken.

1 Wildschweinrücken

Salz, Pfeffer

1 TL getrockneter Thymian

5 Wacholderbeeren

Butterschmalz zum Braten

80 ml trockener Rotwein

80 ml Fleischbrühe

150 ml Sahne

Worcestersauce

Zitronensaft

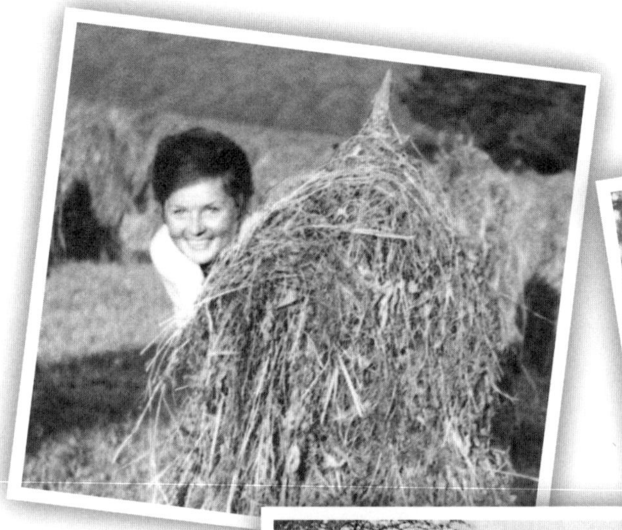
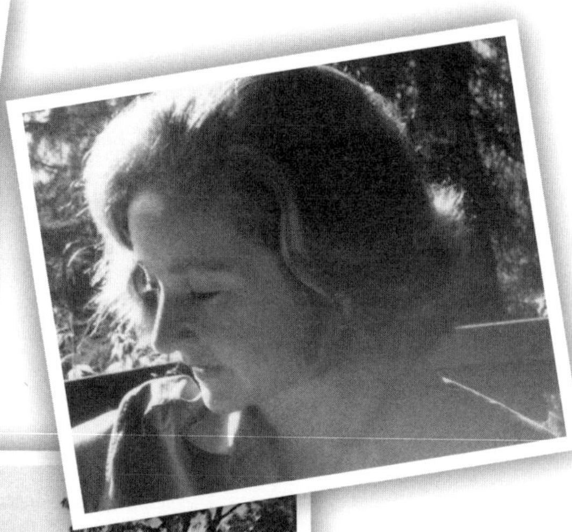
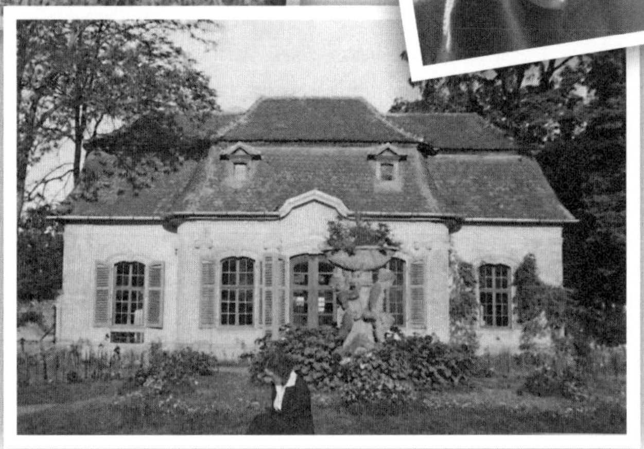

MEHLSPEISEN

APFELSTRUDEL

Aus Mehl, Butter, Öl und Wasser einen elastischen Teig kneten – am besten mit einer Küchenmaschine. Wenn sich der Teig gut vom Schüsselrand löst, ist er fertig geknetet. Dann noch mal kurz von Hand auf einer bemehlten Arbeitsfläche durchkneten. Zu einer Kugel formen, in Frischhaltefolie wickeln und ca. 20 Minuten ruhen lassen.

Für die Füllung die Äpfel schälen, Kerngehäuse entfernen und in kleine Stücke schneiden. Mit Zitronensaft beträufeln, damit sie nicht braun werden.

Nach der Ruhezeit den Teig halbieren und die Hälfte nacheinander auf einem mit Mehl bestäubten Küchenhandtuch dünn ausrollen. Zum Schluss mit den Händen vorsichtig dünn ausziehen und mit der flüssigen Butter bestreichen.

Die Apfelstücke mit dem Zucker sowie den Rosinen mischen und auf dem Teig verteilen. Den Teig von der Kante und den Seiten her zur Füllung hin einschlagen und vorsichtig aufrollen. Mit dem zweiten Teig ebenso verfahren und beide Strudel auf ein gefettetes und gemehltes Blech legen. Im vorgeheizten Backofen bei 180 °C Ober- und Unterhitze ca. 35–40 Minuten backen. Mit Puderzucker bestäubt servieren.

Strudelteig

200 g Mehl

50 g Butter

2 EL Öl

80 ml lauwarmes Wasser

Mehl zum Bearbeiten

50 g flüssige Butter

Butter zum Einfetten

Füllung

5 Äpfel (ca. 750 g)

Saft von ½ Zitrone

100 g Zucker

50 g Rosinen

außerdem

Puderzucker zum Bestäuben

Mehl zum Bestäuben

MARILLENKNÖDEL

Eier, Quark, 50 g Butter und Mehl zu einem festen Teig kneten und ca. 30 Minuten ruhen lassen. Die Aprikosen waschen, halbieren und die Steine entfernen. Den Teig in 8 Portionen teilen und zu flachen Fladen formen. Jeweils 1 Aprikosenhälfte auf den Teigfladen geben, darauf jeweils 1 Würfelzucker legen und mit einer weiteren Aprikosenhälfte bedecken. Mit dem Teig ganz umhüllen und festdrücken. In einem Topf ausreichend Wasser mit 1 Prise Salz sowie Zucker aufkochen. Die Knödel im siedenden Wasser ca. 15 Minuten ziehen lassen. Anschließend herausnehmen und abtropfen lassen.

In einer Pfanne die restliche Butter zerlassen. Semmelbrösel darin goldgelb rösten. 2 EL Zucker zugeben und die Marillenknödel darin wenden.

2 Eier

500 g Magerquark

130 g Butter

100 g Mehl

8 Aprikosen (oder 1 kleine Dose Aprikosenhälften)

8 Würfelzucker

Salz

Zucker

50 g Semmelbrösel

Esszimmer im Riedener Haus

KAISERSCHMARRN

Die Eier trennen, das Eiweiß steif schlagen. Die Eigelbe mit Milch, Mehl, 1 Prise Salz sowie flüssiger Butter verrühren. Die Rosinen zugeben und das Eiweiß unterheben. Die Hälfte der Masse in eine Pfanne mit heißer Butter geben und backen, sobald der Schmarrn am Rand festgeworden ist, wenden und fertig backen. Dann in Stücke reißen und warm halten. Den restlichen Teig auf die gleiche Weise backen. Den Schmarrn mit Puderzucker bestäuben und mit der mit Weinbrand verfeinerten Aprikosenkonfitüre servieren.

4 Eier

150 ml Milch

50 g Mehl

Salz

30 g flüssige Butter

30 g Rosinen

Butter zum Braten

Puderzucker zum Bestäuben

1–2 EL Weinbrand

150 g Aprikosenkonfitüre

OMELETTE SOUFFLÉE

Die Eier trennen. Das Eiweiß steif schlagen. Die Eigelbe mit 1 Prise Salz verrühren und das Eiweiß unterheben. Die Masse in eine Pfanne mit heißer Butter geben und bei mittlerer Hitze auf der unteren Seite backen. Die Oberfläche leicht mit Gelee beträufeln. Das Omelette zusammenschlagen und mit Puderzucker bestäubt servieren.

2 Eier

Salz

Butter zum Backen

1 EL Gelee

Puderzucker zum Bestäuben

CRÊPES SUZETTE

Mehl, Milch, Eier und 1 Prise Salz zu einem glatten Teig verrühren. Die Butter zum Schluss unterrühren. In einer beschichteten Pfanne nacheinander portionsweise dünne Crêpes ausbacken und warm halten.

Für die Sauce Butter, Zucker, Orangensaft, Weinbrand und Walnüsse in einem Topf aufkochen und etwas einkochen. Die Crêpes vierfach zusammenlegen und mit der Sauce beträufelt servieren.

Teig

50 g Mehl

150 ml Milch

3 Eier

Salz

30 g flüssige Butter

Sauce

1 EL Butter

2 EL Zucker

Saft von 1 Orange

1 Schuss Weinbrand

30 g gehackte Walnüsse

WINDBEUTEL UND PROFITEROLES

Wasser mit Butter in einem kleinen Topf aufkochen. Topf vom Herd nehmen. Mehl auf einmal in die heiße Flüssigkeit geben. Alles mit einem Kochlöffel zu einem glatten Teigkloß verrühren, dann etwa 1 Minute unter ständigem Rühren erhitzen („abbrennen"). Den Teig in eine Rührschüssel geben, die Eier nacheinander unterkneten. In einen Spritzbeutel mit Sterntülle füllen und kleine Häufchen auf ein gefettetes und gemehltes Backblech spritzen. Im vorgeheizten Backofen bei 200 °C Ober- und Unterhitze ca. 15 Minuten backen. Die Sahne mit dem Puderzucker steif schlagen und in die Windbeutel spritzen. Für Profiteroles die Windbeutel wie oben beschrieben zubereiten, mit gezuckerter Sahne füllen und mit heißer Schokoladensauce servieren.

150 ml Wasser

50 g Butter

70 g Mehl

2 Eier

Butter und Mehl für das Blech

200 ml Sahne

1 gehäufter EL Puderzucker

Schokoladensauce, nach Belieben

Andrea auf dem Riedener Balkon

MOKKAECLAIRS

Die Windbeutel wie beschrieben zubereiten, jedoch längliche Eclairs auf das vorbereitete Backblech spritzen. Im vorgeheizten Backofen bei 200 °C Ober- und Unterhitze ca. 15 Minuten backen. Die Sahne mit 20 g Puderzucker steif schlagen und in die Eclairs spritzen.

Den restlichen Puderzucker, mit Butter und so viel Kaffee verrühren, dass eine zähflüssige Glasur entsteht. Die gefüllten Eclairs mit der Glasur überziehen.

Windbeutel (siehe Seite 323)
200 ml Sahne
120 g Puderzucker
20 g flüssige Butter
1 Tasse starker Kaffee

APFELAUFLAUF

Äpfel waschen, Kerngehäuse mit einem Ausstecher entfernen, schälen und halbieren. Die Hälften mit der Konfitüre füllen und in eine gefettete Auflaufform setzen.

Für den Teig Mehl mit der Milch verrühren. 30 g Butter in einem Topf schmelzen, das Mehl-Milchgemisch zugeben und zu einem glatten Kloß rühren. Dann von der Kochstelle nehmen. Die restliche Butter schaumig rühren, Zucker zugeben. Die Eier trennen und die Eigelbe ebenfalls unterrühren. Den Teigkloß portionsweise unterrühren, sodass ein geschmeidiger Teig entsteht. Zum Schluss das Eiweiß steif schlagen und unterheben. Die Teigmasse über die Äpfel verteilen und im vorgeheizten Backofen bei 180 °C Ober- und Unterhitze ca. 45 Minuten backen.

Apfelmasse

8 Äpfel

200 g Aprikosenkonfitüre

Butter zum Einfetten

Teig

50 g Mehl

150 ml Milch

80 g Butter

100 g Zucker

4 Eier

Michaela in Rieden, 1961

APFELPASTETE

Das Mehl mit Butter und Weinbrand zu einem geschmeidigen Teig verkneten. Den Teig auf einer leicht bemehlten Arbeitsfläche ausrollen. Vierfach zusammenschlagen, erneut ausrollen und erneut vierfach zusammenschlagen und wieder ausrollen. So weitere viermal verfahren. Von dem Teig ein Drittel abnehmen, diesen direkt auf einem gefetteten und gemehlten Springformboden ausrollen und mit einer Gabel mehrmals einstechen und mit dem Springformrand umstellen.
Im vorgeheizten Backofen bei 180 °C Ober- und Unterhitze ca. 10 Minuten backen. Herausnehmen und mit dem Gelee bestreichen. Zucker und Mandeln mischen und die Hälfte davon auf den Boden streuen.

Die Äpfel schälen, Kerngehäuse entfernen und in Würfel schneiden. Eiweiß steif schlagen und unter die Äpfel heben. Die Apfelmasse auf dem Boden verteilen und mit den restlichen Mandeln bedecken. Den restlichen Teig passend für die Springform ausrollen und die Apfelmasse damit bedecken. Das Eigelb verquirlen, den Deckel damit bestreichen und mehrmals leicht einstechen. Im Backofen im oberen Drittel ca. 45–50 Minuten backen. Vorsichtig aus der Form lösen, mit Puderzucker bestäuben und noch warm servieren.

Boden

150 g Mehl

120 g Butter

1 EL Weinbrand

Mehl zum Bearbeiten

Butter und Mehl für die Form

1 EL rotes Gelee

60 g Zucker

100 g gemahlene Mandeln

Apfelmasse

500 g Äpfel

2 Eiweiß

1 Eigelb

Puderzucker zum Bestäuben

BISKUITTÜTEN MIT SCHLAGSAHNE

Die Eier mit dem Zucker schaumig rühren. Das Mehl nur kurz unterheben. Auf ein gefettetes und gemehltes Blech kleine Teigkreise mit 10 cm Durchmesser aufstreichen. Im vorgeheizten Backofen bei 180 °C Ober- und Unterhitze ca. 10 Minuten backen. Noch heiß von dem Blech lösen und sofort tütenförmig einrollen. Die Teigtüten auskühlen lassen. Die Sahne mit dem Puderzucker steif schlagen und nach Belieben zusammen mit frischem Obst hinein füllen.

2 Eier

80 g Zucker

80 g Mehl

Butter und Mehl für das Blech

250 ml Sahne

2 EL Puderzucker

Obst der Saison, nach Belieben

ZWETSCHGENKUCHEN

Aus den angegebenen Zutaten einen Hefeteig kneten und an einem warmen Ort zugedeckt gehen lassen, bis sich sein Volumen verdoppelt hat. Backblech mit Butter einfetten. Den Teig auf einer leicht bemehlten Arbeitsfläche in der Größe des Backblechs ausrollen und das Blech damit auslegen. Zwetschgen waschen, halbieren, Zwetschgenkerne entfernen, vierteln und den Teig damit belegen. Im vorgeheizten Backofen bei 200 °C Ober- und Unterhitze ca. 25–30 Minuten backen. Nach dem Backen kräftig mit Zucker bestreuen.

Hefeteig

250 g Mehl

20 g frische Hefe

2 Eier

50 g weiche Butter

50 g Zucker

1 Prise Salz

80 ml lauwarme Milch

Butter zum Einfetten

Mehl zum Bearbeiten

Belag

2 kg Zwetschgen

Zucker zum Bestreuen

Thurner Pavillon

ANANASBEIGNETS

Das Mehl abwechselnd mit so viel Öl und Weißwein verrühren, dass eine zähflüssige Masse entsteht. Das Eiweiß steif schlagen und unter den Teig heben. Die Ananasscheiben halbieren und durch den Teig ziehen. In ausreichend heißem Öl goldgelb frittieren, auf Küchenpapier abtropfen lassen und mit Puderzucker bestäubt servieren.

80 g Mehl

Öl

trockener Weißwein

1 Eiweiß

4 Scheiben Ananas

Öl zum Frittieren

Puderzucker zum Bestäuben

SALZBURGER NOCKERLN

Für die Sauce Butter, Zucker und Sahne aufkochen und bei mittlerer Hitze karamellfarbig einkochen. Eine Auflaufform mit Butter einfetten. Die Karamellsauce in die Form gießen.
Für die Nockerln Eiweiß mit Puderzucker steif schlagen. Zum Schluss vorsichtig die Eigelbe unterheben. Mithilfe einer Untertasse gleichmäßige Nocken abstechen und auf die Karamellsauce setzen. Die Nockerl leicht mit gesiebtem Mehl bestäuben und im vorgeheizten Backofen bei 180 °C Ober- und Unterhitze ca. 4–5 Minuten backen.

Karamellsauce

1 EL Butter

2 EL Zucker

80 ml Sahne

Butter zum Einfetten

Nockerln

4 Eiweiß

3 EL Puderzucker

2 Eigelb

Mehl zum Bestäuben

ZITRONENSOUFFLÉ

Eiweiß steif schlagen. Eigelbe mit Zucker und Zitronensaft aufschlagen, bis sich die Masse verdoppelt. Den Eischnee unterheben. Souffléförmchen mit Butter einfetten und die Masse gleichmäßig darauf verteilen. Etwas Zucker auf die Oberfläche streuen und im vorgeheizten Backofen bei 200 °C Ober- und Unterhitze ca. 15 Minuten backen. Nach Belieben stürzen.

5 Eiweiß

4 Eigelb

85 g Zucker

Saft von 1 Zitrone

Butter für die Formen

Zucker zum Bestreuen

SCHOKOLADENSOUFFLÉ

Eiweiß steif schlagen. Butter schaumig rühren. Zucker zugeben und die flüssige Schokolade einrühren. Die Eigelbe zugeben, unterrühren und aufschlagen, bis sich die Masse verdoppelt. Den Eischnee unterheben. Souffléförmchen mit Butter einfetten und die Masse gleichmäßig darauf verteilen. Etwas Zucker auf die Oberfläche streuen und im vorgeheizten Backofen bei 200 °C Ober- und Unterhitze ca. 15 Minuten backen. Nach Belieben stürzen und mit gezuckerter Sahne servieren.

5 Eiweiß

75 g Butter

50 g Zucker

100 g flüssige Schokolade

4 Eigelb

Butter zum Einfetten

Zucker zum Bestreuen

Sahne gezuckert, nach Belieben

v. l. n. r. Großmutter Dita, Lexi, Christoph, Sylvia, Maisi, Andrea, Tante Inge und Niki in Rieden

VANILLESOUFFLÉ

Eiweiß steif schlagen. Eigelbe, Zucker und Vanillezucker aufschlagen, bis sich die Masse verdoppelt. Den Eischnee unterheben. Eine Auflaufform mit Butter einfetten und das Obst darin verteilen. Mit der Soufflémasse bedecken, mit Zucker bestreuen und im vorgeheizten Backofen bei 200 °C Ober- und Unterhitze ca. 10–15 Minuten backen.

5 Eiweiß

3 Eigelb

60 g Zucker

1 Päckchen Vanillezucker

Butter zum Einfetten

500 g geputztes, vorbereitetes Beerenobst (z. B. Himbeeren, Erdbeeren)

Zucker zum Bestreuen

APFELSOUFFLÉ

Das Apfelpüree mit dem Zitronensaft vermischen. Eiweiß mit dem Zucker steif schlagen und unter das Apfelpüree heben. Souffléförmchen mit Butter einfetten, die Masse einfüllen und im vorgeheizten Backofen bei 200 °C Ober- und Unterhitze ca. 15–20 Minuten backen. Nach Belieben stürzen.

500 g trockenes Apfelpüree

Saft von 1 Zitrone

4 Eiweiß

240 g Zucker

Butter zum Einfetten

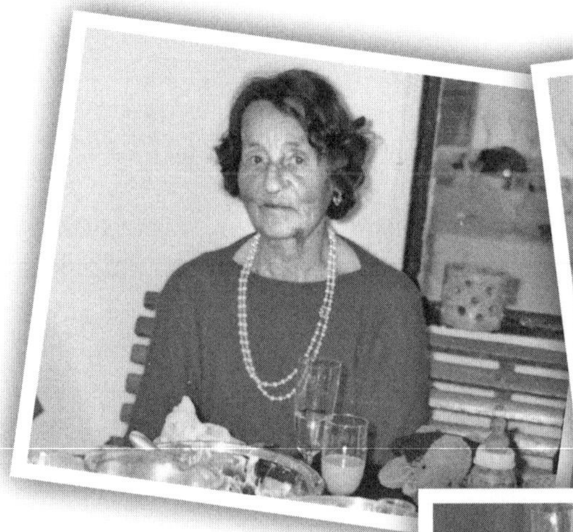
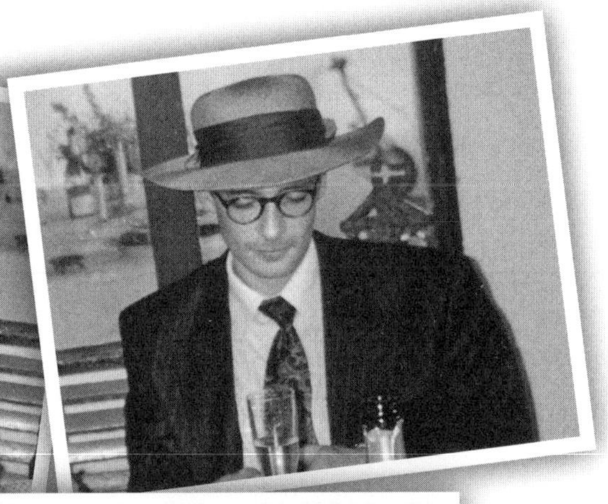
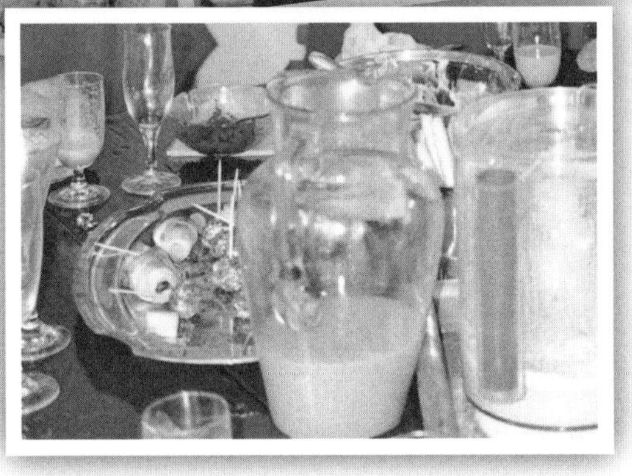

NACHSPEISEN

SCHOKOLADENCREME

Die Schokolade in dem Wasser schmelzen und glatt rühren. Die Speisestärke in etwas kaltem Wasser zähflüssig anrühren, zugeben, aufkochen und das Schokoladen-Wasser-Gemisch damit zur gewünschten Konsistenz binden. Das Kaffeepulver ebenfalls einrühren und die Schokoladencreme vollständig erkalten lassen. Mit einem Schuss Weinbrand verfeinern. Die Sahne steif schlagen, unter die Schokoladencreme heben und nach Belieben in Schälchen füllen.

120 g Schokolade

220 ml Wasser

1 EL Speisestärke

½ TL lösliches Kaffeepulver

Weinbrand

250 ml Sahne

Steffi, Maisi und Ruppi Bechtolsheim

ZITRONENCREME

Die Eier trennen. 2 Eiweiß steif schlagen und kalt stellen. Die Eigelbe mit Zucker und Zitronensaft über einem heißen Wasserbad cremig aufschlagen. Dann vom Wasserbad nehmen und vollständig erkalten lassen. Die Sahne steif schlagen. Zuerst das Eiweiß, dann die geschlagene Sahne unterheben. Nach Belieben in Portionsschälchen umfüllen.

3 Eier

90 g Zucker

Saft von 1 Zitrone

150 ml Sahne

KARAMELLCREME

Den Zucker in einer beschichteten Pfanne goldbraun karamellisieren. Vorsichtig unter ständigem Rühren das heiße Wasser und die heiße Milch zugießen und das Karamell glattrühren. Die Speisestärke in etwas kaltem Wasser zähflüssig anrühren, zur Karamellmasse geben, aufkochen und zur gewünschten Konsistenz binden. Die Karamellmasse vollständig erkalten lassen. Mit einem Schuss Weinbrand verfeinern. Die Sahne steif schlagen und unter die Karamellcreme heben. Nach Belieben in Portionsschälchen umfüllen.

100 g Zucker

300 ml heißes Wasser

200 ml heiße Milch

1 EL Speisestärke

Weinbrand

150 ml Sahne

VANILLECREME

Die Milch mit dem Vanillemark erwärmen. Eigelbe und Zucker über einem heißen Wasserbad cremig aufschlagen. Die heiße Vanillemilch unterrühren. Die Speisestärke in etwas kaltem Wasser zähflüssig anrühren und unter die Creme rühren. Weiter schlagen, bis die Masse dicklich wird. Dann die Creme vollständig erkalten lassen. Mit einem Schuss Rum oder Weinbrand verfeinern. Die Sahne steif schlagen und unter die Creme heben. Nach Belieben in Portionsschälchen umfüllen.

150 ml Milch

Mark von 1 Vanilleschote

2 Eigelb

50 g Zucker

1 TL Speisestärke

Rum oder Weinbrand

150 ml Sahne

WEINCHAUDEAU

Weißwein, Zitronensaft, Zucker und Eier über einem heißen Wasserbad cremig aufschlagen. Das Wasserbad darf nicht zu heiß werden, sonst gerinnt die Eimasse. Dann in Schälchen umfüllen.

150 ml Weißwein

Saft von 1 Zitrone

90 g Zucker

4 Eier

ORANGENCHAUDEAU

Orangensaft, Zitronensaft, Zucker und Eier erst kalt aufschlagen und dann über einem heißen Wasserbad cremig aufschlagen. Das Wasserbad darf nicht zu heiß werden, sonst gerinnt die Eimasse. Dann in Schälchen umfüllen.

150 ml Orangensaft

Saft von 1 Zitrone

50 g Zucker

4 Eier

Andrea beim Skifahren

GESTÜRZTE SCHOKOLADENCREME

Milch und Schokolade in einem Topf erwärmen, dass die Schokolade schmilzt. Eigelbe und Zucker über einem heißen Wasserbad cremig aufschlagen. Die Gelatine nach Packungsanweisung auflösen. Zusammen mit der Schokoladenmilch zu der Eiermasse geben und die Creme vollständig erkalten lassen. Die Sahne steif schlagen, unterheben und die Creme in mit Wasser ausgespülte Portionsschälchen füllen.

Im Kühlschrank in ca. 3 Stunden fest werden lassen. Kurz in warmes Wasser tauchen und dann stürzen.

300 ml Milch

120 g Schokolade

3 Eigelb

90 g Zucker

1 Päckchen gemahlene Gelatine

250 ml Sahne

GESTÜRZTE KARAMELLCREME

Förmchen mit Öl einfetten. Zucker in einer beschichteten Pfanne goldbraun karamellisieren, mit dem kochenden Wasser ablöschen und gleichmäßig in die vorbereiteten Förmchen verteilen. Milch mit dem Vanillemark erwärmen. Eier, Eigelbe und Zucker über einem heißen Wasserbad cremig aufschlagen. Die heiße Vanillemilch unterrühren und kurz weiter aufschlagen. Dann gleichmäßig in die Förmchen verteilen und diese auf ein tiefes Backblech stellen. Mit heißem Wasser aufgießen, dass die Förmchen etwa 1 cm hoch im Wasser stehen und im vorgeheizten Backofen bei 160 °C Ober- und Unterhitze ca. 1 Stunde stocken lassen. Dann vollständig erkalten lassen und nach Belieben nochmals ca. 2 Stunden kalt stellen, dann kurz in warmes Wasser tauchen und stürzen.

Öl zum Einfetten
100 g Zucker
1 Schuss kochendes Wasser
500 ml Milch
Mark von 1 Vanilleschote
2 Eier
3 Eigelb
90 g Zucker

BIRNE MIT SCHOKOLADENSAUCE

Für die Nüsse den Zucker in einer beschichteten Pfanne hellbraun karamellisieren, die Nüsse zugeben und mit dem Zucker überziehen. Die Nüsse sollten aber noch streufähig sein.

Die Schokolade in dem Wasser schmelzen und glatt rühren. Die Speisestärke in etwas kaltem Wasser zähflüssig anrühren, zugeben, aufkochen und das Schokoladen-Wasser-Gemisch damit zur gewünschten Konsistenz binden. Das Kaffeepulver sowie die Butter einrühren und die Schokoladencreme vollständig auskühlen lassen.

Die Birnen waschen, schälen, halbieren und entkernen. Die Birnenhälften in einem Topf in ausreichend Zitronenwasser bissfest garen. Dann gut abtropfen lassen. Etwas Weinbrand auf die Birnen träufeln, mit der Schokoladensauce überziehen und mit den Nüssen bestreuen.

Geröstete Nüsse

2 gehäufte EL Zucker

75 g Haselnussscheiben

Schokoladensauce

100 g Schokolade

220 ml Wasser

1 gehäufter TL Speisestärke

1 TL lösliches Kaffeepulver

20 g Butter

Birnen

4 Birnen

Saft von ½ Zitrone

Weinbrand

GEFÜLLTE ÄPFEL

Die Äpfel waschen und mit einem Ausstecher das Kerngehäuse entfernen. In ausreichend Zitronenwasser bissfest garen. Die Nüsse in einer beschichteten Pfanne ohne Zugabe von Fett rösten und mit dem Gelee verrühren. Mit einigen Tropfen Weinbrand verfeinern. Die Äpfel gut abtropfen lassen und die Nussmasse hineinfüllen. Die Sahne mit dem Puderzucker steif schlagen und zu den Äpfeln servieren.

4 Golden-Delicious-Äpfel

Saft von ½ Zitrone

80 g gemahlene Haselnüsse

1–2 EL rotes Gelee

Weinbrand

200 ml Sahne

1 gehäufter EL Puderzucker

MOHR IM HEMD

Die Butter schaumig rühren. Zucker, Schokolade, Eigelbe und Nüsse unterrühren. Das Eiweiß steif schlagen und unterheben. Die Masse in eine gebutterte und gemehlte Form gießen und in einem heißen Wasserbad bei niedriger Hitze abgedeckt ca. 1 Stunde kochen, sodass die Masse stockt. Dann vollständig erkalten lassen und stürzen. Nach Belieben mit gezuckerter Sahne servieren.

50 g weiche Butter

100 g Zucker

120 g geschmolzene Schokolade

4 Eigelb

150 g geröstete gemahlene Nüsse

5 Eiweiß

Butter und Mehl für die Form

Sahne gezuckert, nach Belieben

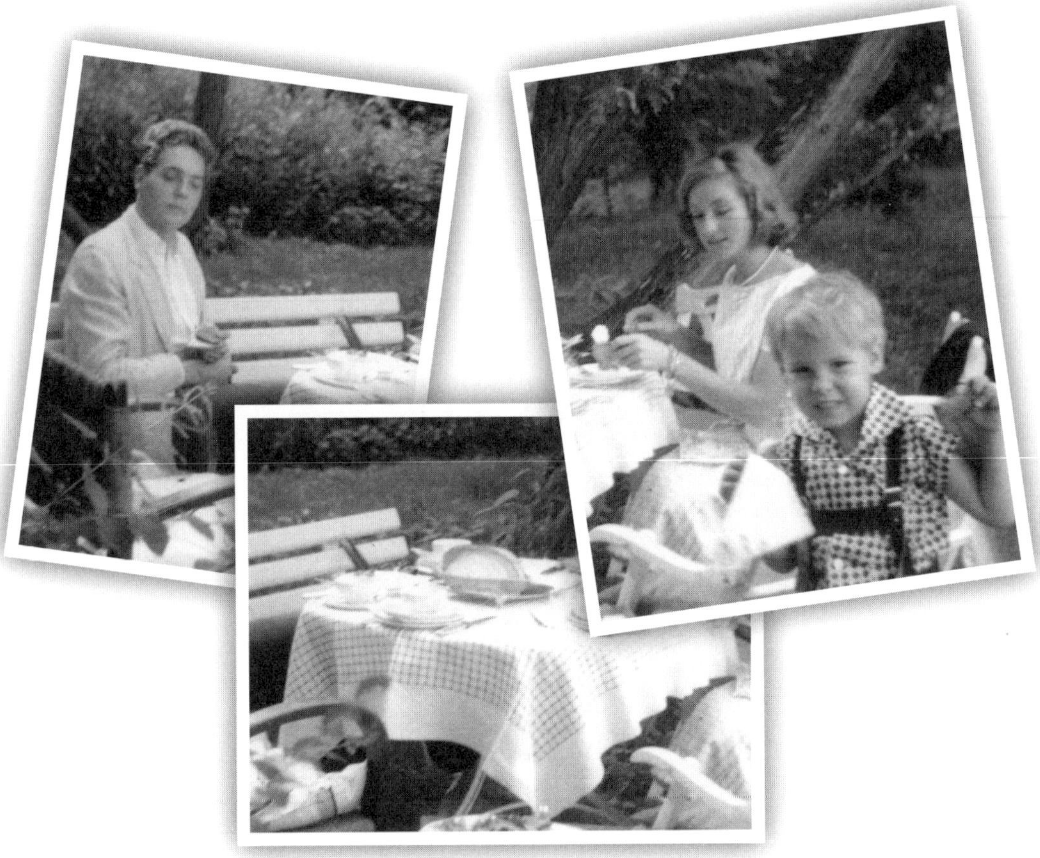

KUCHEN

KÄSEKUCHEN

Für den Mürbeteig Butter, Zucker, Eigelb und Mehl zu einem glatten Teig verkneten. Zu einer Kugel formen, in Frischhaltefolie wickeln und mindestens 1 Stunde kalt legen.

Für die Käsemasse die Eier trennen. Das Eiweiß steif schlagen. Die Butter schaumig rühren, den Zucker einrieseln lassen und nach und nach die Eigelbe unterrühren. Dann den Quark und die Zitronenschale einrühren. Zum Schluss das Eiweiß unterheben.

Den Backofen auf 180 °C Ober- und Unterhitze vorheizen. Eine Springform (Ø 26 cm) mit Butter einfetten. Die Hälfte des Teigs direkt auf dem Springformboden ausrollen, mit einer Gabel mehrmals einstechen und mit dem Springformrand umstellen.

Den restlichen Teig auf einer leicht bemehlten Arbeitsfläche zu einem Strang rollen, diesen schneckenartig zusammenrollen, in der Springform entlang des Rands entrollen und mit den Fingern zu einem Rand hochdrücken. Im Backofen ca. 15 Minuten anbacken.

Die Käsemasse einfüllen und den Käsekuchen weitere ca. 35–40 Minuten backen. Herausnehmen, etwas stehen lassen, aus der Form lösen und vollständig auskühlen lassen. Mit Puderzucker bestäubt servieren.

Grundrezept Mürbeteig

80 g weiche Butter

60 g Zucker

1 Eigelb

140 g gesiebtes Mehl

Käsemasse

3 Eier

75 g Butter

125 g Zucker

750 g Speisequark (20 %)

1 TL Zitronenschale

außerdem

Butter zum Einfetten

Mehl zum Bearbeiten

Puderzucker zum Bestäuben

GEDECKTER APFELKUCHEN

Den Mürbeteig wie beschrieben in der Springform im vorgeheizten Backofen bei 180 °C Ober- und Unterhitze anbacken. Die Äpfel schälen, Kerngehäuse entfernen, in Viertel schneiden und an der runden Seite leicht einschneiden. Den vorgebackenen Mürbeteig mit den Äpfeln belegen und die Zwischenräume mit den Rosinen bzw. den Haselnüssen füllen.

Die Eier schaumig aufschlagen, dabei den Zucker einrieseln lassen und unterschlagen, bis die Masse schön weiß und schaumig ist. Zum Schluss das Mehl unterheben und die Masse über den Äpfeln verteilen. Den Kuchen im Backofen weitere 35–40 Minuten backen. Herausnehmen, etwas stehen lassen, aus der Form lösen und vollständig auskühlen lassen. Mit Puderzucker bestäubt servieren.

Grundrezept Mürbeteig (siehe Seite 356)
5 Äpfel
50 g Rosinen oder 100 g gehackte Haselnüsse
2 Eier
60 g Zucker
60 g gesiebtes Mehl
Puderzucker zum Bestäuben

OBSTKUCHEN

Die Eier aufschlagen, den Zucker einrieseln lassen und unterschlagen. 2 Esslöffel heißes Wasser zugeben. Das Mehl dazu sieben und vorsichtig unterheben. Den Teig in eine gebutterte und gemehlte Obstbodenform geben und im vorgeheizten Backofen bei 200 °C Ober- und Unterhitze ca. 10 Minuten hellbraun backen. Den Teig stürzen und auskühlen lassen. Das Obst putzen, waschen und dekorativ auf dem Boden verteilen. Tortenguss nach Packungsanweisung zubereiten und über dem Obst verteilen. Nach Belieben den Kuchen mit geschlagener Sahne servieren.

2 Eier

100 g Zucker

100 g Mehl

Butter und Mehl für die Form

500 g Obst (z. B. Erdbeeren, Himbeeren)

1 Päckchen klarer Tortenguss

geschlagene Sahne, nach Belieben

GERÜHRTER OBSTKUCHEN

Butter schaumig rühren und 150 g Zucker einrieseln lassen. Nach und nach die Eier unterrühren. Das Mehl zugeben und alles zu einem glatten Teig verarbeiten. Den Teig in eine gebutterte und gemehlte Springform (Ø 26 cm) füllen, glatt streichen und im vorgeheizten Backofen bei 180 °C Ober- und Unterhitze ca. 35 Minuten backen.

In der Zwischenzeit die Früchte verlesen, eventuell waschen, putzen und nach dem Backen dekorativ auf dem ausgekühlten Teigboden verteilen. Das Eiweiß steif schlagen, dabei den restlichen Zucker einrieseln lassen und unterschlagen. Die Eiweißmasse gleichmäßig auf den Beeren verteilen und den Kuchen noch einmal 5 Minuten backen, damit die Eiweißmasse fest wird. Dann herausnehmen, etwas stehen lassen, aus der Form lösen und vollständig auskühlen lassen.

150 g weiche Butter

300 g Zucker

3 Eier

150 g gesiebtes Mehl

Butter und Mehl für die Form

500–750 g Beeren der Saison

(z. B. Himbeeren, Brombeeren, Johannisbeeren)

3 Eiweiß

*Geschwister Hanni und Tante Maus
im Thurner Rosengarten*

SANDKUCHEN

Butter und Zucker schaumig schlagen. Nach und nach die Eier unterrühren. Dann einen Schuss Weinbrand zugeben. Das Mehl mit Speisestärke und Backpulver mischen und dazu sieben. Alles gut miteinander verrühren und in eine gebutterte und gemehlte Kastenform füllen. Den Kuchen im vorgeheizten Backofen bei 180 °C Ober- und Unterhitze ca. 10 Minuten anbacken. Dann den Teig mit einem nassen Messer längs von Rand zu Rand einschneiden, so wird der Kuchen schön gleichmäßig. Weitere ca. 30–35 Minuten backen. Den Kuchen vorsichtig auf ein Kuchengitter stürzen, wenden und vollständig auskühlen lassen. Den Puderzucker mit dem Zitronensaft verrühren und den Kuchen mit der Glasur überziehen.

Rührteig

200 g weiche Butter

200 g Zucker

4 Eier

Weinbrand

80 g Mehl

170 g Speisestärke

½ TL Backpulver

Butter und Mehl für die Form

Zitronenglasur

150 g Puderzucker

Saft von 1 Zitrone

MAISIS GUGELHUPF

Butter und Zucker schaumig schlagen. Nach und nach die Eier sowie Eigelbe unterrühren. Rum und Milch zugeben. Das Mehl mit Backpulver mischen und dazu sieben. Alles gut miteinander verrühren und in eine gebutterte und gemehlte Gugelhupfform füllen. Den Kuchen im vorgeheizten Backofen bei 180 °C Ober- und Unterhitze ca. 1 Stunde backen. Dann herausnehmen, etwas stehen lassen, aus der Form stürzen und vollständig auskühlen lassen. Mit Puderzucker bestäubt servieren.

150 g weiche Butter

150 g Zucker

2 Eier

2 Eigelb

1 EL Rum

6 EL Milch

250 g Mehl

½ Päckchen Backpulver

Butter und Mehl für die Form

Puderzucker zum Bestäuben

HEFEZOPF

Für den Teigansatz das Mehl in eine Schüssel sieben und in die Mitte eine Mulde drücken. Die Hefe hinein bröckeln und nur die Hefe mit etwas lauwarmem Wasser sowie 1 Prise Zucker verrühren. Zugedeckt an einem warmen Ort gehen lassen. Butter, Zucker, Salz, Eier sowie Milch zugeben und alles zu einem geschmeidigen Teig verkneten. Zum Schluss die Rosinen unterkneten. Den Hefeteig zugedeckt an einem warmen Ort gehen lassen, bis sich sein Volumen verdoppelt hat. Dann den Teig auf einer leicht bemehlten Arbeitsfläche nochmals durchkneten. Den Teig in 3 gleich große Stücke teilen, zu gleichlangen Strängen rollen, die zu den Enden hin etwas dünner werden. Dann zu einem Zopf flechten und die beiden Enden leicht zusammendrücken. Den Zopf mit Eiweiß bestreichen und auf ein mit Backpapier ausgelegtes Backblech legen. Nochmals 10 Minuten gehen lassen. Im vorgeheizten Backofen bei 180 °C Ober- und Unterhitze ca. 35 Minuten backen. Herausnehmen und vollständig auskühlen lassen.

500 g Mehl
60 g Hefe
100 g Zucker
100 g weiche Butter
1 Prise Salz
2 Eier
100 ml lauwarme Milch
200 g Rosinen
Mehl zum Bearbeiten
1 Eiweiß

HEFEGUGELHUPF

Für den Teigansatz das Mehl in eine Schüssel sieben und in die Mitte eine Mulde drücken. Die Hefe hinein bröckeln und nur die Hefe mit etwas lauwarmem Wasser sowie 1 Prise Zucker verrühren. Zugedeckt an einem warmen Ort gehen lassen. Die Eier trennen. Das Eiweiß steif schlagen und kalt stellen. Die Butter schaumig rühren, den Zucker einrieseln lassen, nach und nach die Eigelbe einrühren, Salz, Rosinen und nach Belieben Zitronat zugeben. Dann löffelweise Mehl und Hefe unterkneten und die lauwarme Milch zugießen. Alles zu einem glatten Teig verkneten und zum Schluss das steif geschlagene Eiweiß unterheben.

Den Hefeteig zugedeckt an einem warmen Ort gehen lassen, bis sich sein Volumen verdoppelt hat. Dann den Teig in eine gebutterte Gugelhupfform geben und nochmals 10 Minuten gehen lassen. Im vorgeheizten Backofen bei 180 °C Ober- und Unterhitze ca. 1 Stunde backen. Herausnehmen, etwas stehen lassen, aus der Form stürzen und auskühlen lassen. Mit Puderzucker bestäubt servieren.

500 g Mehl

60 g Hefe

100 g Zucker

3 Eier

150 g weiche Butter

1 Prise Salz

200 g Rosinen

50 g Zitronat, nach Belieben

200 ml lauwarme Milch

Butter für die Form

Puderzucker zum Bestäuben

Mainsondheim

FRANKFURTER KRANZ

Butter und Zucker schaumig schlagen. Nach und nach die Eier unterrühren. Weinbrand oder Rum zugeben. Mehl mit Speisestärke und Backpulver mischen und dazu sieben. Zitronenschale zugeben, alles gut miteinander verrühren und in eine gebutterte und gemehlte Kranzform füllen. Den Kuchen im vorgeheizten Backofen bei 180 C Ober- und Unterhitze ca. 45 Minuten backen. Dann vorsichtig auf ein Kuchengitter stürzen, etwas stehen lassen, die Form vorsichtig abnehmen und den Kuchen vollständig auskühlen lassen. Die Glasur wie beschrieben zubereiten und den Kranz damit überziehen.

350 g Butter

350 g Zucker

8 Eier

1 Schuss Weinbrand oder Rum

250 g Mehl

250 g Speisestärke

1 TL Backpulver

2 TL Zitronenschale

Butter und Mehl für die Form

Zitronenglasur (siehe Seite 362)

ENGLISCHER KUCHEN

Eier trennen und das Eiweiß steif schlagen. Butter und Zucker schaumig schlagen. Nach und nach die Eigelbe unterrühren. Rosinen und Zitronat zugeben und das Mehl portionsweise unterrühren. Alles zu einem geschmeidigen Teig verrühren und den Eischnee zum Schluss unterheben. Den Teig in eine gebutterte und gemehlte Kastenform füllen. Im vorgeheizten Backofen bei 180 °C Ober- und Unterhitze ca. 70 Minuten backen. Herausnehmen, den Kuchen vorsichtig auf ein Kuchengitter stürzen, etwas stehen lassen, die Form vorsichtig abnehmen und den Kuchen vollständig auskühlen lassen. Mit Puderzucker bestäubt servieren.

6 Eier

150 g weiche Butter

150 g Zucker

200 g Rosinen

150 g gehacktes Zitronat

200 g gesiebtes Mehl

Butter und Mehl für die Form

Puderzucker zum Bestäuben

Hanni, Andrea und Claus Stauffenberg; Thurn 1962

STOLLEN

Am Tag zuvor die hellen Rosinen mit Zitronat in dem Zitronensaft einweichen. Die dunklen Rosinen mit Orangeat und Mandeln in dem Orangensaft einweichen.

Am nächsten Tag für den Teigansatz das Mehl in eine Schüssel sieben und in die Mitte eine Mulde drücken. Die Hefe hinein bröckeln und nur die Hefe mit etwas lauwarmem Wasser sowie 1 Prise Zucker verrühren. Zugedeckt an einem warmen Ort 10 Minuten gehen lassen. Butter, Zucker, Salz, Eier, Zitronenschale sowie Gewürze zugeben und alles zu einem geschmeidigen Teig verkneten. Zum Schluss die beiden Rosinenmischungen unterkneten.

Den Hefeteig zugedeckt an einem warmen Ort ca. 5 Stunden gehen lassen. Dann den Teig auf einer bemehlten Arbeitsfläche kurz durchkneten und in 3 Portionen teilen. Jede Portion rechteckig ca. 2 cm dick ausrollen. Die Oberseite jeweils mit Eiweiß bepinseln und zu Stollen formen, alle auf ein gebuttertes Blech setzen und zugedeckt weitere ca. 15 Minuten gehen lassen. Im vorgeheizten Backofen bei 180 °C Ober- und Unterhitze ca. 45 Minuten backen. Im noch warmen Zustand dick mit Puderzucker bestäuben und auskühlen lassen.

500 g helle Rosinen

150 g Zitronat

Saft von 3 Zitronen

500 g dunkle Rosinen

150 g Orangeat

200 g gehackte Mandeln

Saft von 3 Orangen

1,5 kg Mehl

4 Würfel Hefe (ca. 160 g)

250 g Zucker

600 g weiche Butter

3 Prisen Salz

5 Eier

Schale von ½ unbehandelten Zitrone

½ TL gemahlener Ingwer

½ TL Muskat

½ TL Zimtpulver

Mehl zum Bearbeiten

2 Eiweiß zum Bestreichen

Butter für das Blech

Puderzucker zum Bestäuben

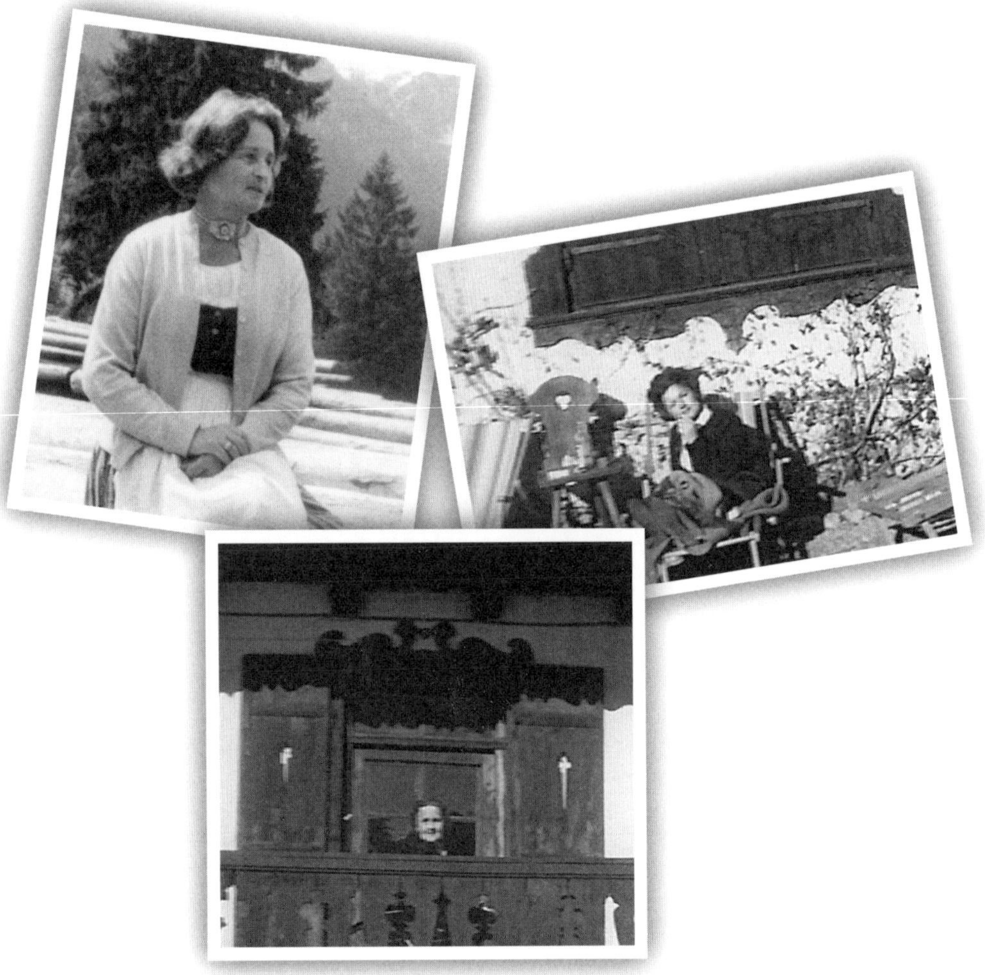

TORTEN

LINZER TORTE

Aus den angegebenen Zutaten einen Mürbeteig kneten. Den Teig zu einer Kugel formen, in Frischhaltefolie einwickeln und mindestens 2 Stunden kalt legen. Zwei Drittel vom Teig abstechen und den Rest wieder kalt legen. Den Teig auf einem gebutterten Springformboden (Ø 26 cm) mit einer Teigrolle passend ausrollen, überstehende Reste abschneiden und beiseitelegen. Die Konfitüre glatt rühren und auf den ausgerollten Teig streichen.

Den restlichen Teig aus dem Kühlschrank nehmen und mit den eventuell übrigen Teigresten auf einer leicht bemehlten Arbeitsfläche mit einer Teigrolle dünn ausrollen.

Mit einem Teigrad ca. 20 Stränge von 1,5 cm Breite zuschneiden. Die Hälfte der Stränge im Abstand von 3 cm auf die Torte auflegen, die Backform um 45° drehen und den Rest so auflegen, dass ein Rautenmuster entsteht. Die überstehenden Teigstücke abschneiden. Mit dem Springformrand umlegen, die Teigreste zu einer Kordel rollen, im Kreis in die Form legen und mit einer Gabel andrücken.

Im vorgeheizten Backofen bei 180 °C Ober- und Unterhitze ca. 30–35 Minuten backen. Anschließend aus der Form lösen und vollständig auskühlen lassen.

Mürbeteig

100 g weiche Butter

140 g Zucker

2 Eigelb

140 g gesiebtes Mehl

100 g gemahlene Mandeln

1 Msp. Zimt

½ TL Zitronenabrieb

außerdem

Butter zum Einfetten

150 g rote Konfitüre

(z. B. Himbeerkonfitüre)

Mehl zum Bearbeiten

Maisi in der Riedener Au

MAISIS SACHERTORTE

Einen Springformboden (Ø 26 cm) mit Backpapier auslegen. Die Schokolade über einem Wasserbad schmelzen. Die Eier trennen. Eiweiß mit einem Handrührgerät mit der Hälfte des Zuckers steif schlagen. Butter und restlichen Zucker schaumig rühren. Eigelbe nach und nach zugeben. Die flüssige Schokolade zur Buttermasse geben und gut verrühren. Dann zuerst den Eischnee, dann das Mehl mit dem Backpulver unterheben. In die Form füllen und im vorgeheizten Backofen bei 180 °C Ober- und Unterhitze ca. 35–40 Minuten backen. Aus der Form lösen, Boden stürzen, Backpapier abziehen und vollständig auskühlen lassen. Den Boden einmal durchschneiden, sodass 2 Böden entstehen. Für die Füllung die Butter mit dem Kakaopulver sowie dem Puderzucker verrühren und auf den unteren Teigboden streichen. Den oberen Teigboden auflegen. Für die Glasur den Puderzucker mit der Schokolade, der Butter und einigen Tropfen kochendem Wasser zu einer zähflüssigen Masse verrühren und die Torte damit überziehen.

Schokoladenbiskuit

140 g Zartbitterschokolade
6 Eier
140 g Zucker
100 g weiche Butter
100 g gesiebtes Mehl
1 Msp. Backpulver

Füllung

100 g weiche Butter
2–3 EL Kakaopulver
1 EL Puderzucker

Glasur

200 g Puderzucker
3 EL flüssige Zartbitterschokolade
20 g Butter

NUSSTORTE

Die Eier trennen. Das Eiweiß steif schlagen. Die Eigelbe aufschlagen, den Zucker nach und nach einrieseln lassen und die Masse weiter aufschlagen. Die Nüsse sowie den Kaffee einrühren. Zum Schluss das Eiweiß unterheben. Einen Springformboden (Ø 26 cm) mit Backpapier auslegen und die Biskuitmasse hinein füllen. Im vorgeheizten Backofen bei 180 °C Ober- und Unterhitze ca. 35 Minuten backen. Aus der Form lösen, Boden stürzen, Backpapier abziehen und vollständig auskühlen lassen. Mit Puderzucker bestäubt servieren.

9 Eier

150 g Zucker

200 g geröstete gemahlene Haselnüsse

80 ml kalter Kaffee

Puderzucker zum Bestäuben

Großmutter Dita und Michaela; Rieden 1962

MANDELTORTE

Die Eier trennen. Das Eiweiß steif schlagen. Die Eigelbe aufschlagen, den Zucker nach und nach einrieseln lassen und die Masse weiter aufschlagen. Die Mandeln sowie den Orangensaft einrühren. Zum Schluss das Eiweiß unterheben. Einen Springformboden (Ø 26 cm) mit Backpapier auslegen und die Biskuitmasse hinein füllen. Im vorgeheizten Backofen bei 180 °C Ober- und Unterhitze ca. 35 Minuten backen. Aus der Form lösen, Boden stürzen, Backpapier abziehen und vollständig auskühlen lassen. Mit Puderzucker bestäubt servieren.

5 Eier

120 g Zucker

200 g gemahlene geschälte Mandeln

Saft von ½ Orange

Puderzucker zum Bestäuben

SÜSSER REHRÜCKEN

Das Eiweiß steif schlagen. Die Butter mit dem Zucker und den Eigelben schaumig rühren. Die Schokolade und die Haselnüsse unterrühren. Zum Schluss den Eischnee vorsichtig unterheben und in eine gebutterte und gemehlte Rehrückenform geben. Im vorgeheizten Backofen bei 180 °C Ober- und Unterhitze ca. 35 Minuten backen. Aus der Form stürzen und vollständig auskühlen lassen. Die Schokoladenglasur nach Packungsanweisung vorbereiten und den erkalteten Kuchen damit überziehen.

5 Eiweiß

90 g weiche Butter

90 g Zucker

5 Eigelb

100 g flüssige Schokolade

150 g geröstete gemahlene Haselnüsse

Butter und Mehl für die Form

100 g Schokoladenglasur

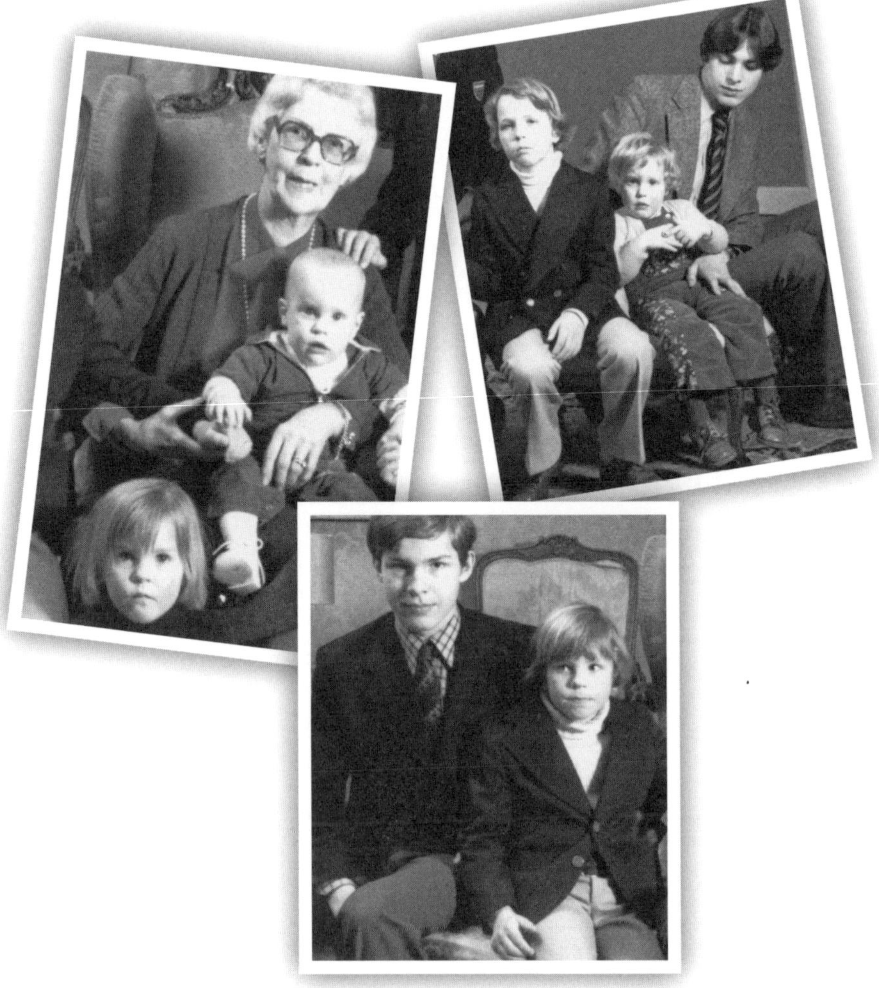

GEBÄCK

EINFACHES BISKUITGEBÄCK

Die Eier schaumig aufschlagen, den Zucker einrieseln lassen und unterschlagen. Zum Schluss das Mehl unterheben und die Masse auf einem mit Backpapier ausgelegtem Blech verteilen. Im vorgeheizten Backofen bei 180 °C Ober- und Unterhitze ca. 10 Minuten backen. Herausnehmen, stürzen, Backpapier abziehen, wenden und in gleichmäßige Streifen schneiden.

2 Eier

100 g Zucker

100 g gesiebtes Mehl

HASELNUSSMAKRONEN

Die Nüsse in einer beschichteten Pfanne rösten. Eiweiß steif schlagen. Nach und nach Zucker einrieseln lassen und unterschlagen. Nüsse auf den Eischnee geben und vorsichtig unterheben. Von dem Teig mithilfe von 2 Teelöffeln kleine Häufchen auf ein mit Backpapier ausgelegtes Backblech setzen. Mithilfe des Endes eines nassen Kochlöffelstiels in die Mitte ein Mulde drücken und darauf einen Klecks Konfitüre geben. Im vorgeheizten Backofen bei 140 °C Ober- und Unterhitze ca. 20 Minuten backen. Herausnehmen, vom Blech ziehen und auskühlen lassen.

200 g gemahlene Haselnüsse

3 Eiweiß

120 g Zucker

150 g Aprikosenkonfitüre

Michaela beim Skifahren

MANDELMAKRONEN

Für die Glasur den Zucker im Wasser auflösen und sirupartig auf die Hälfte einkochen.
Für die Makronen das Eiweiß steif schlagen. Nach und nach Zucker einrieseln lassen und unterschlagen. Nüsse auf den Eischnee geben und vorsichtig unterheben. Den Teig in eine Spritze oder Spritzbeutel mit Sterntülle füllen und kleine Häufchen auf ein mit Backpapier ausgelegtes Backblech spritzen. Im vorgeheizten Backofen bei 140 °C Ober- und Unterhitze ca. 20 Minuten backen. Nach der Hälfte der Backzeit die Makronen mit dem Sirup bestreichen und fertig backen. Anschließend herausnehmen, vom Blech ziehen und auskühlen lassen.

Glasur

3 EL Zucker

80 ml Wasser

Makronen

3 Eiweiß

120 g Zucker

200 g gemahlene geschälte Mandeln

LINZER SPRITZGEBÄCK

Die Butter schaumig rühren, den Zucker einrieseln lassen und das Eigelb sowie das Mehl unterrühren. Den Teig in eine Spritze oder Spritzbeutel mit Sterntülle füllen und in gewünschter Form auf ein mit Backpapier ausgelegtes Backblech spritzen. Im vorgeheizten Backofen bei 180 °C Ober- und Unterhitze ca. 10–15 Minuten hell backen. Herausnehmen, vom Blech ziehen und auskühlen lassen. Für die Glasur den Puderzucker mit dem Kakao und etwas kochendem Wasser zähflüssig verrühren. Die Plätzchen zur Hälfte hineintauchen und die Glasur fest werden lassen.

Teig

75 g weiche Butter

50 g Zucker

1 Eigelb

125 g gesiebtes Mehl

Butter für das Blech

Schokoladenglasur

100 g Puderzucker

2 EL Kakao

Mum mit Enkeln v. l. n. r.: Sebastian, Kilian, Theresia, Johannes, Gottfried, Benedikt, Stephan, Claus

LINZER AUGEN

Butter, Zucker, Eigelb und Mehl zu einem geschmeidigen Teig verkneten. Den Teig auf einer leicht bemehlten Arbeitsfläche ausrollen und mit einem runden Ausstecher Kreise ausstechen. Die Hälfte der Kreise mit einem Loch versehen. Die Plätzchen auf ein mit Backpapier ausgelegtes Blech legen und im vorgeheizten Backofen bei 180 °C Ober- und Unterhitze ca. 10–15 Minuten hell backen. Herausnehmen, vom Blech ziehen, die Plätzchen mit Loch sofort dick mit Puderzucker bestäuben und alle auskühlen lassen. Je zwei Plätzchen, eines ohne Loch unten, eines mit Loch oben, mit Gelee zusammenfügen.

80 g weiche Butter

50 g Zucker

1 Eigelb

150 g gesiebtes Mehl

Mehl zum Bearbeiten

Puderzucker zum Bestäuben

rotes Gelee zum Füllen

MAISIS GEBÄCK

Butter, Zucker und Mehl zu einem geschmeidigen Teig verkneten. Den Teig auf einer leicht bemehlten Arbeitsfläche ausrollen und mit einem runden gezackten Ausstecher Kreise ausstechen. Die Plätzchen auf ein mit Backpapier ausgelegtes Blech legen und im vorgeheizten Backofen bei 180 °C Ober- und Unterhitze ca. 10–15 Minuten hell backen. Herausnehmen, vom Blech ziehen und die Plätzchen auskühlen lassen.

Den Puderzucker mit Gelee, etwas Butter und dem Zitronensaft sowie eventuell einem Schuss kochendem Wasser zu einer zähflüssigen Glasur verrühren. Die Plätzchen vollständig mit der Glasur überziehen.

Teig

100 g Butter

50 g Zucker

150 g Mehl

Mehl zum Bearbeiten

Glasur

100 g Puderzucker

1 TL rotes Gelee

etwas Butter

Saft von ½ Zitrone

BUTTERBREZELN

Butter, Zucker, Milch und Mehl zu einem geschmeidigen Teig verkneten. Den Teig auf einer leicht bemehlten Arbeitsfläche ausrollen und mit einem Brezelausstecher ausstechen oder den Teig zu Strängen formen, kurze Stücke abschneiden und zu Brezeln formen. Die Brezeln auf ein mit Backpapier ausgelegtes Blech legen und im vorgeheizten Backofen bei 180 °C Ober- und Unterhitze ca. 10 Minuten hell backen. Herausnehmen, vom Blech ziehen und auskühlen lassen.
Den Puderzucker mit Zitronensaft und eventuell einem Schuss kochendem Wasser zu einer zähflüssigen Glasur verrühren. Die Plätzchen vollständig mit der Zitronenglasur überziehen.

Teig

75 g weiche Butter

50 g Zucker

1 EL Milch

125 g gesiebtes Mehl

Mehl zum Bearbeiten

Glasur

100 g Puderzucker

Saft von ½ Zitrone

VANILLEKIPFERL

Butter, Zucker, Mehl und Mandeln zu einem geschmeidigen Teig verkneten. Auf einer leicht bemehlten Arbeitsfläche in kleine Stangen rollen und gleichmäßige Stücke abstechen. Diese zu Kipferl formen. Die Vanillekipferl gebogen auf ein mit Backpapier ausgelegtes Blech legen und im vorgeheizten Backofen bei 180 °C Ober- und Unterhitze ca. 10 Minuten hell backen. Herausnehmen, vom Blech ziehen und noch heiß mit reichlich Vanillezucker bestreuen und auskühlen lassen

80 g weiche Butter

50 g Zucker

125 g gesiebtes Mehl

50 g gemahlene geschälte Mandeln

Mehl zum Bearbeiten

Vanillezucker zum Bestreuen

Riedener Haus

MANDELGEBÄCK

Eiweiß steif schlagen. Nach und nach Zucker einrieseln lassen und unterschlagen. 3–4 Esslöffel Eiweißmasse mit den Mandeln zu einem Teig verkneten und die Masse etwa 1 cm dick auf einer mit Zucker bestreuten Arbeitsfläche ausrollen. Mit einem Ausstecher beliebige Formen ausstechen und auf ein mit Backpapier ausgelegtes Backblech setzen. Mit der restlichen Eiweißmasse dick bestreichen und jeweils ein kleines Stück Schokolade darauf setzen. Im vorgeheizten Backofen bei 140 °C Ober- und Unterhitze ca. 20 Minuten hell backen. Herausnehmen, vom Blech ziehen und auskühlen lassen.

2 Eiweiß

120 g Zucker

200 g geschälte gemahlene Mandeln

Zucker zum Bearbeiten

100 g Schokolade

ZIMTSTERNE

Eiweiß steif schlagen. Nach und nach Zucker einrieseln lassen, Zimt zugeben und unterschlagen. 3–4 Esslöffel Eiweißmasse mit den Mandeln zu einem Teig verkneten und die Masse etwa 1 cm dick auf einer mit Zucker bestreuten Arbeitsfläche ausrollen. Mit einem Ausstecher kleine Sterne ausstechen und auf ein mit Backpapier ausgelegtes Backblech setzen. Mit der restlichen Eiweißmasse dick bestreichen. Im vorgeheizten Backofen bei 150 °C Ober- und Unterhitze ca. 20 Minuten hell backen. Herausnehmen, vom Blech ziehen und auskühlen lassen.

2 Eiweiß
120 g Zucker
½ TL Zimt
200 g gemahlene Mandeln
Zucker zum Bearbeiten

LEBKUCHEN

Eiweiß steif schlagen. Nach und nach Zucker einrieseln lassen und unterschlagen. Nüsse mit dem Zitronat sowie den Gewürzen mischen und unterheben. Die Masse leicht kuppelartig auf die Oblaten streichen. Im vorgeheizten Backofen bei 160 °C Ober- und Unterhitze ca. 15–20 Minuten backen. In der Zwischenzeit die Glasur wie beschrieben zubereiten. Die fertigen Lebkuchen herausnehmen, vom Blech ziehen und etwas abkühlen lassen. Mit der Glasur überziehen und mit den Mandeln verzieren.

5 Eiweiß

150 g Zucker

200 g geröstete gemahlene Haselnüsse

150 g gehacktes Zitronat

1 Msp. gemahlener Ingwer

1 Msp. Muskat

1 Msp. Zimtpulver

1 Msp. Pfeffer

runde Lebkuchenoblaten

Schokoladenglasur (siehe Seite 388)

geschälte Mandeln zum Verzieren

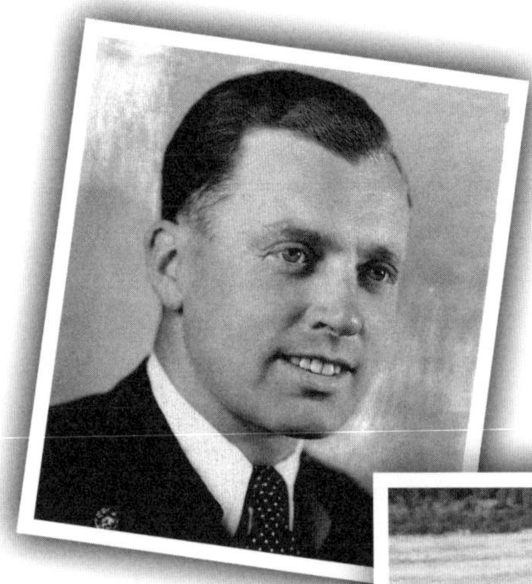
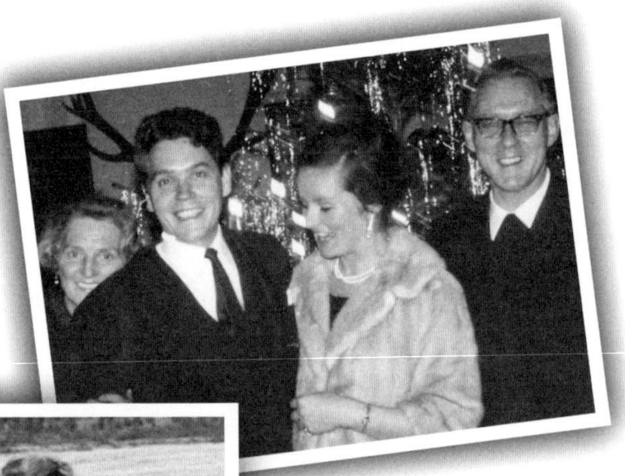
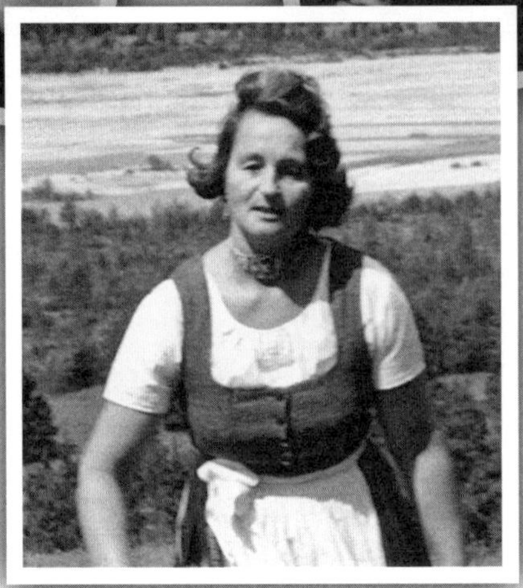

EIS & KONFITÜREN

VANILLEEIS

Eier trennen, das Eiweiß steif schlagen und kalt stellen. Die Eigelbe mit dem Zucker über einem Wasserbad schaumig aufschlagen. Die Milch mit dem Vanillemark erwärmen. Die warme Milch unter die Eimasse rühren und dick cremig aufschlagen. Die Masse vom Wasserbad nehmen und kalt schlagen. Dann den Eischnee und die sehr steif geschlagene Sahne unterheben. Die Masse in eine mit Wasser ausgespülte Form geben und für ca. 3–4 Stunden gefrieren.

3 Eier

100 g Zucker

250 ml Milch

Mark von 1 Vanilleschote

250 ml Sahne

ERDBEEREIS

Die Erdbeeren waschen, putzen und mit dem Puderzucker in einem Mixer pürieren. Die Sahne steif schlagen und unterheben. Die Masse in eine mit Wasser ausgespülte Form geben und für ca. 3–4 Stunden gefrieren.

750 g Erdbeeren

250 g Puderzucker

250 ml Sahne

HIMBEEREIS

Die frischen Himbeeren verlesen und gegebenenfalls waschen. Dann mit einer Gabel zerdrücken und mit Zitronensaft sowie Zucker verrühren. Die Sahne steif schlagen und unterheben. Die Masse in eine mit Wasser ausgespülte Form geben und für ca. 3–4 Stunden gefrieren.

300 g frische Himbeeren (oder Tiefkühlware)
1–2 EL Zitronensaft
120 g Zucker
250 ml Sahne

Mama Fischer, Tante Patin, Hanni und Michaela, Pfarrer Pfister;
Weihnachten in Thurn

BIRNE HELENE

Das Vanilleeis wie beschrieben zubereiten oder auf gekauftes zurückgreifen. Für die Schokoladensauce die Milch mit der Schokolade unter Rühren zum Kochen bringen. Die Speisestärke mit etwas kaltem Wasser zähflüssig anrühren und die Sauce zur gewünschten Konsistenz binden. Die Butter zugeben und darin zerlassen. Die Birnen schälen, halbieren und Kerngehäuse entfernen. Das Vanilleeis in Portionsschälchen verteilen. Mit je einer Birnenhälfte belegen und mit etwas Weinbrand beträufeln. Zum Schluss mit der heißen Schokoladensauce übergießen und sofort servieren.

Vanilleeis (siehe Seite 400)

240 ml Milch

150 g Schokolade

1 EL Speisestärke

20 g Butter

2 reife Birnen

Weinbrand

PFIRSICH MELBA

Das Vanilleeis wie beschrieben zubereiten oder auf gekauftes zurückgreifen. Pfirsiche abtropfen lassen. Sahne mit Puderzucker steif schlagen. Das Vanilleeis in Portionsschälchen geben und mit den Pfirsichhälften belegen. Die Sahne in einen Spritzbeutel geben und dekorativ auf die Pfirsiche spritzen. Himbeergelee glattrühren, auf die Sahne träufeln und sofort servieren.

Vanilleeis (siehe Seite 400)
1 kleine Dose Pfirsiche
200 ml Sahne
2 EL Puderzucker
Himbeergelee zum Verzieren

VANILLEEIS MIT PISTAZIEN UND FLAMBIERTEN KIRSCHEN

Das Vanilleeis wie beschrieben zubereiten und die Pistazien unterrühren. Oder auf gekauftes zurückgreifen, leicht antauen lassen und dann die Pistazien untermischen. Die Kirschen abtropfen lassen. Den Zucker in einer Pfanne karamellisieren. Butter zugeben und zerlassen. Mit 3 Schuss Orangenlikör ablöschen, die Kirschen zugeben und darin schwenken. In einem Topf 50 ml Orangenlikör erwärmen, anzünden und mit der Kirschsauce ablöschen. Das Vanilleeis in Portionsschälchen verteilen und mit der heißen Kirschsauce servieren.

Vanilleeis (siehe Seite 400)

50 g geschälte Pistazien

1 Glas Sauerkirschen

2 EL Zucker

1 EL Butter

Orangenlikör

OMELETTE SURPRISE

Eine kleine Auflaufform mit Butter einfetten. Die Himbeeren verlesen, gegebenenfalls waschen und hineingeben. Das Eis leicht antauen lassen und über die Himbeeren geben. Das Eiweiß steif schlagen. Nach und nach Puderzucker einrieseln lassen und unterschlagen. Die Eigelbe vorsichtig unterheben, zum Schluss das Mehl dazu sieben und ebenfalls vorsichtig unterheben. Die Eischneemasse über das Eis verteilen und im vorgeheizten Backofen bei 200 °C Oberhitze ca. 5 Minuten überbacken.

Butter zum Einfetten

300 g frische Himbeeren (oder Tiefkühlware)

300 ml Eis, nach Belieben

4 Eiweiß

2–3 EL Puderzucker

2 Eigelb

1 EL Mehl

KONFITÜRE & GELEE

Die folgenden Rezepte sind mit Haushaltszucker zubereitet. Gerne kann auch auf Gelierzucker in den Verhältnissen 1:1, 2:1 oder 3:1 zurückgegriffen werden. Dann für die Zubereitung jedoch die Packungsanweisung beachten.

Gelierprobe

Vor dem Abfüllen der Konfitüre einen Tropfen der heißen Masse auf einen kalten Teller geben. Die Konfitüre hat die richtige Konsistenz, wenn sie nicht mehr fließt und von einer Haut überzogen ist. Falls nicht, die Konfitüre noch weiter einkochen und die Gelierprobe noch einmal wiederholen.

ERDBEERKONFITÜRE

Erdbeeren waschen, putzen und gegebenenfalls klein schneiden. Zusammen mit Zitronensaft und Zucker in einem Topf unter ständigem Rühren aufkochen und bei mittlerer Hitze ca. 40 Minuten kochen. Dabei immer rühren, dass die Konfitüre nicht anbrennt. Dann die Gelierprobe wie am Kapitelanfang beschrieben durchführen. Die Konfitüre in sterile Gläser abfüllen, verschließen, sofort auf den Deckel stellen, nach 5 Minuten wenden und erkalten lassen.

2,5 kg Erdbeeren

Saft von 2 Zitronen

2 kg Zucker

Hans Emich von Meyern-Hohenberg

APRIKOSENKONFITÜRE

Aprikosen waschen, halbieren, Stein entfernen und klein schneiden. Zusammen mit Zitronensaft sowie Zucker in einem Topf unter ständigem Rühren aufkochen und bei mittlerer Hitze ca. 40 Minuten kochen. Dabei immer rühren, dass die Konfitüre nicht anbrennt. Dann die Gelierprobe wie am Kapitelanfang beschrieben durchführen. Die Konfitüre in sterile Gläser abfüllen, verschließen, sofort auf den Deckel stellen, nach 5 Minuten wenden und erkalten lassen.

2,5 kg Aprikosen

Saft von 2 Zitronen

2 kg Zucker

KIRSCHKONFITÜRE

Die Kirschen putzen, waschen und entsteinen. Zusammen mit Zitronensaft, Zucker und Vanillezucker in einem Topf unter ständigem Rühren aufkochen und bei mittlerer Hitze ca. 40 Minuten kochen. Dabei immer rühren, dass die Konfitüre nicht anbrennt. Dann die Gelierprobe wie am Kapitelanfang beschrieben durchführen. Die Konfitüre in sterile Gläser abfüllen, verschließen, sofort auf den Deckel stellen, nach 5 Minuten wenden und erkalten lassen.

2,5 kg Sauer- oder Süßkirschen

Saft von 2 Zitronen

2 kg Zucker

2 Päckchen Vanillezucker

JOHANNISBEERGELEE

Johannisbeeren in einem Dampftopf entsaften. 1 Liter Saft abmessen, mit dem Zucker in einem Topf unter ständigem Rühren aufkochen und bei mittlerer Hitze ca. 15–20 Minuten kochen. Dabei immer rühren, dass das Gelee nicht anbrennt. Dann die Gelierprobe wie am Kapitelanfang beschrieben durchführen. Das Gelee in sterile Gläser abfüllen, verschließen, sofort auf den Deckel stellen, nach 5 Minuten wenden und erkalten lassen.

2,5 kg Rote oder Schwarze Johannisbeeren

750 g Zucker

ORANGENGELEE

Von 5 Orangen die Schale mit einem Zestenreißer abziehen oder fein abreiben. Alle Früchte samt der weißen Haut schälen und in einem Entsafter entsaften. Den Saft abmessen und pro Liter Saft 800 g Zucker abwiegen. Saft, Zucker und Orangenschale in einem Topf unter ständigem Rühren aufkochen und bei mittlerer Hitze ca. 40 Minuten kochen. Dabei immer rühren, dass das Gelee nicht anbrennt. Dann die Gelierprobe wie am Kapitelanfang beschrieben durchführen. Das Gelee in sterile Gläser abfüllen, verschließen, sofort auf den Deckel stellen, nach 5 Minuten wenden und erkalten lassen.

2,5 kg Orangen, davon 5 unbehandelte Orangen

3 Zitronen

3 Grapefruits

1 kg Mandarinen

pro Liter Saft 800 g Zucker

Maisi in Rieden

REZEPTE NACH KAPITELN

SUPPEN

Leberknödelsuppe	10
Champignoncremesuppe	11
Gazpacho	12
Blumenkohlsuppe	14
Lauchsuppe	15
Kartoffelsuppe	16
Kerbelsuppe	17
Grießnockerlsuppe	20
Gulaschsuppe	21
Leberspätzlesuppe	22
Hühnercremesuppe	24
Ochsenschwanzsuppe	25
Spinatsuppe	27
Französische Zwiebelsuppe	28
Tomatencremesuppe	29
Spargelcremesuppe	30
Markklößchensuppe	32
Bouillabaisse	33
Pot au feu	34
Erbsensuppe	35

COCKTAILHAPPEN

Malakoff	38
Kleine Käsewindbeutel	39
Käsecreme	41
Schinkenhörnchen	42
Käsetrüffel	43
Käsestangen	45

VORSPEISEN

Pizza Variante I	48
Pizza Variante II	49
Schinkensoufflé	51
Käsesoufflé	52
Gebackene Champignons	53
Canapés	54
Sardelleneier gratiniert	56
Heringssalat	58
Käsetoasts	59
Gebackene Krabbentoasts	61
Kleine Spinatpuddings	62
Kleine Schinkenpuddings	63
Kleine Fleischpuddings	64
Hühnerleberpastete in Aspik	66
Hühnerleber-Terrine	68
Hirn in Muschelform	70
Krabbencocktail	73
Hechtklöße	74
Champignon-Eier-Salat	76
Salat in Melone	77
Heiße Scampi	79

SAUCEN

Sauce Béchamel	84
Sauce suprême	84
Tomatensauce	85
Spanische Tomatensauce	86
Meerrettichsauce	89
Falsche Sauce hollandaise	90
Dillsauce	91
Currysauce	91
Zwiebelsauce	92
Sauce hollandaise	93
Gratiniersauce	94
Sauce béarnaise	94
Sauce mousseline	97
Maltesersauce	97
Dänische Sauce	98
Römische Sauce	98
Sauce bolognese	99
Champignonsauce	100
Mayonnaise	101
Remouladensauce	102
Haus-Vinaigrette	103
Grobe Remouladensauce	104
Sauce Mornay	104
Tiroler Sauce	106
Sauce tartar	106
Cumberlandsauce	107
Apfelmeerrettich	109
Johannisbeer-Meerrettichsauce	110
Himbeer-Meerrettichsauce	110

ZWISCHENGERICHTE

Schinkennudelauflauf	116
Fettuccine mit Parmesan	117
Cannelloni	119
Ravioli	120
Grüne Lasagne	123
Bunte Spaghetti	124
Spaghetti al sugo	125
Ungarischer Karfiol	127
Gefüllte Paprika	128
Schwedische Omelettes	129
Omelettes mit Blattspinat	130
Gemüse-Risotto	133
Hühnerleber-Risotto	134
Mailänder Risotto	135
Auberginenauflauf	136
Irish Stew	138
Krautwickel	139

SALATE

Kohlrabisalat	145
Karottensalaat	146
Chicoreésalat	146
Feldsalat mit Radieschen	147
Kräutersalat	147

Kopfsalat I	148		Fenchel	179
Kopfsalat II	148		Weißkraut	180
Kopfsalat III	150		Blaukraut	183
Kopfsalat IV	151		Wirsingblattgemüse	184
Kopfsalat V	151		Cremiges Wirsinggemüse	185
Endiviensalat	153		Erbsen	186
Tomatensalat	154		Grüne Bohnen	186
Gurkensalat	155		Gebackener Sellerie	189
Rettichsalat	156		Artischocken	190
Roter Paprikasalat	156		Gefüllte Tomaten I	192
Blumenkohlsalat	157		Gefüllte Tomaten II	193
Spargelsalat	158		Gefüllte Tomaten III	194
Krautsalat	160		Gefüllte Tomaten IV	195
Chinakohlsalat	160			
Reissalat	161		**BEILAGEN**	
Gelegter Salat	162		Kartoffelpüree	199
			Béchamelkartoffeln	200
GEMÜSE			Kartoffelkroketten	201
Blumenkohl	166		Petersilienkartoffeln	202
Karotten	167		Schweizer Rösti	203
Rosenkohl	168		Kartoffelbällchen	204
Spargel	171		Fränkische Klöße	207
Spargel in weißer Sauce	172		Kartoffel Suzette	208
Cremespinat	173		Kartoffelpuffer	209
Blattspinat italienisch	174		Pommes frites	212
Paprika-Tomaten-Gemüse	177		Serviettenkloß	215
Zucchini	178			

FISCH

Fischvorbereitung	220
Fisch blau	221
Gebackener Fisch	224
Gebackene Seezunge mit Auberginen	225
Seezunge in Weißwein	226
Gebackene Seezunge mit Artischocken	227
Seezungenröllchen gebacken	228
Seeaal Florentiner Art	229
Heilbutt mit Tomatensauce	231
Gespickter Hecht	232
Muscheln	234

GEFLÜGEL

Hühnerfrikassee	240
Huhn suprême	241
Paprikabrathuhn	241
Pollo arrosto	242
Huhn provençal	243
Ente in Orangensauce	244
Gans	246
Truthahn	247

FLEISCH

Kalbsblanquette	252
Kalbsfilet	253
Kalbsgulasch	254
Paprika-Rahmschnitzel	255
Pariser Schnitzel	256
Wiener Schnitzel	257
Cordon bleu	258
Geschnetzeltes Kalbfleisch	259
Kalbsbrust	260
Tafelspitz	261
Gulasch	262
Sauerbraten	263
Rindercurry	264
Gedämpfter Rinderbraten	267
Rinderrouladen	268
Filet am Stück	270
Filetsteak/Tournedos	271
Gulasch à la minute	273
Schweinebraten	274
Szegediner Gulasch	275
Jungschweinekeule	276
Schweinekotelett I	277
Schweinekotelett II	278
Kalbsnuss	281
Hammelkeule	282
Hammelkotelett	283
Fleischpflanzerl	284
Hackbraten	285
Königsberger Klopse	286

INNEREIEN

Gebackenes Hirn	292
Hirnpavesen	293
Kalbsbries	294
Gespicktes Kalbsbries	297
Kalbsnieren	298
Kalbslunge	300
Kalbsleber	301
Saure Leber	302
Gebratene Hühnerleber	303

WILD

Rehrücken	306
Rehkeule	307
Hasenrücken	308
Hasengeschnetzeltes	309
Rebhuhn	310
Fasan	312
Wildschweinrücken	313

MEHLSPEISEN

Apfelstrudel	316
Marillenknödel	318
Kaiserschmarrn	320
Omelette soufflée	321
Crêpes Suzette	322
Windbeutel und Profiteroles	323
Mokkaeclairs	325
Apfelauflauf	326
Apfelpastete	328
Biskuittüten mit Schlagsahne	330
Zwetschgenkuchen	331
Ananasbeignets	333
Salzburger Nockerln	334
Zitronensoufflé	335
Schokoladensoufflé	336
Vanillesoufflé	338
Apfelsoufflé	339

NACHSPEISEN

Schokoladencreme	342
Zitronencreme	344
Karamellcreme	345
Vanillecreme	346
Weinchaudeau	347
Orangenchaudeau	347
Gestürzte Schokoladencreme	349
Gestürzte Karamellcreme	350
Birne mit Schokoladensauce	351
Gefüllte Äpfel	352
Mohr im Hemd	353

KUCHEN

Käsekuchen	356
Gedeckter Apfelkuchen	358
Obstkuchen	359
Gerührter Obstkuchen	360
Sandkuchen	362
Maisis Gugelhupf	363
Hefezopf	364
Hefegugelhupf	365
Frankfurter Kranz	367
Englischer Kuchen	368
Stollen	370

TORTEN

Linzer Torte	374
Maisis Sachertorte	377
Nusstorte	378
Mandeltorte	380
Süßer Rehrücken	381

GEBÄCK

Einfaches Biskuitgebäck	384
Haselnussmakronen	385
Mandelmakronen	387
Linzer Spritzgebäck	388
Linzer Augen	390
Maisis Gebäck	391
Butterbrezeln	392
Vanillekipferl	393
Mandelgebäck	395
Zimtsterne	396
Lebkuchen	397

EIS & KONFITÜREN

Vanilleeis	400
Erdbeereis	401
Himbeereis	402
Birne Helene	404
Pfirsich Melba	405
Vanilleeis mit Pistazien	406
Omelette surprise	407
Erdbeerkonfitüre	409
Aprikosenkonfitüre	411
Kirschkonfitüre	412
Johannisbeergelee	413
Orangengelee	414

REZEPTVERZEICHNIS

Ananasbeignets	333
Apfelauflauf	326
Apfelmeerrettich	109
Apfelpastete	328
Apfelsoufflé	339
Apfelstrudel	316
Aprikosenkonfitüre	411
Artischocken	190
Auberginenauflauf	136
Béchamelkartoffeln	200
Birne Helene	404
Birne mit Schokoladensauce	351
Biskuittüten mit Schlagsahne	330
Blattspinat italienisch	174
Blaukraut	183
Blumenkohl	166
Blumenkohlsalat	157
Blumenkohlsuppe	14
Bouillabaisse	33
Bunte Spaghetti	124
Butterbrezeln	392

Canapés	54
Cannelloni	119
Champignoncremesuppe	11
Champignon-Eier-Salat	76
Champignonsauce	100
Chicoréesalat	146
Chinakohlsalat	160
Cordon bleu	258
Cremespinat	173
Cremiges Wirsinggemüse	185
Crêpes Suzette	322
Cumberlandsauce	107
Currysauce	91
Dänische Sauce	98
Dillsauce	91
Einfaches Biskuitgebäck	384
Endiviensalat	153
Englischer Kuchen	368
Ente in Orangensauce	244
Erbsen	186

Erbsensuppe	35
Erdbeereis	401
Erdbeerkonfitüre	409
Falsche Sauce hollandaise	90
Fasan	312
Feldsalat mit Radieschen	147
Fenchel	179
Fettuccine mit Parmesan	117
Filet am Stück	270
Filetsteak/Tournedos	271
Fisch blau	221
Fischvorbereitung	220
Fleischpflanzerl	284
Frankfurter Kranz	367
Fränkische Klöße	207
Französische Zwiebelsuppe	28
Gans	246
Gazpacho	12
Gebackene Champignons	53
Gebackene Krabbentoasts	61
Gebackene Seezunge mit Artischocken	227
Gebackene Seezunge mit Auberginen	225
Gebackener Fisch	224
Gebackener Sellerie	189
Gebackenes Hirn	292
Gebratene Hühnerleber	303
Gedämpfter Rinderbraten	267
Gedeckter Apfelkuchen	358
Gefüllte Äpfel	352
Gefüllte Paprika	128
Gefüllte Tomaten I	192
Gefüllte Tomaten II	193
Gefüllte Tomaten III	194
Gefüllte Tomaten IV	195
Gelegter Salat	162
Gemüse-Risotto	133
Gerührter Obstkuchen	360
Geschnetzeltes Kalbfleisch	259
Gespickter Hecht	232
Gespicktes Kalbsbries	297
Gestürzte Karamellcreme	350
Gestürzte Schokoladencreme	349
Gratiniersauce	94
Grießnockerlsuppe	20
Grobe Remouladensauce	104
Grüne Bohnen	186
Grüne Lasagne	123
Gulasch	262

Gulasch à la minute	273
Gulaschsuppe	21
Gurkensalat	155
Hackbraten	285
Hammelkeule	282
Hammelkotelett	283
Haselnussmakronen	385
Hasengeschnetzeltes	309
Hasenrücken	308
Haus-Vinaigrette	103
Hechtklöße	74
Hefegugelhupf	365
Hefezopf	364
Heilbutt mit Tomatensauce	231
Heiße Scampi	79
Heringssalat	58
Himbeereis	402
Himbeer-Meerrettichsauce	110
Hirn in Muschelform	70
Hirnpavesen	293
Huhn provençal	243
Huhn suprême	241
Hühnercremesuppe	24
Hühnerfrikassee	240
Hühnerleberpastete in Aspik	66
Hühnerleber-Risotto	134
Hühnerleber-Terrine	68
Irish Stew	138
Johannisbeergelee	413
Johannisbeer-Meerrettichsauce	110
Jungschweinkeule	276
Kaiserschmarrn	320
Kalbsblanquette	252
Kalbsbries	294
Kalbsbrust	260
Kalbsfilet	253
Kalbsgulasch	254
Kalbsleber	301
Kalbslunge	300
Kalbsnieren	298
Kalbsnuss	281
Karamellcreme	345
Karotten	167
Karottensalat	146
Kartoffel Suzette	208
Kartoffelbällchen	204
Kartoffelkroketten	201
Kartoffelpuffer	209

Kartoffelpüree	199
Kartoffelsuppe	16
Käsecreme	41
Käsekuchen	356
Käsesoufflé	52
Käsestangen	45
Käsetoasts	59
Käsetrüffel	43
Kerbelsuppe	17
Kirschkonfitüre	412
Kleine Fleischpuddings	64
Kleine Käsewindbeutel	39
Kleine Schinkenpuddings	63
Kleine Spinatpuddings	62
Kohlrabisalat	145
Konfitüre & Gelee	408
Königsberger Klopse	286
Kopfsalat I	148
Kopfsalat II	148
Kopfsalat III	150
Kopfsalat IV	151
Kopfsalat V	151
Krabbencocktail	73
Kräutersalat	147
Krautsalat	160
Krautwickel	139

L
Lauchsuppe	15
Leberknödelsuppe	10
Leberspätzlesuppe	22
Lebkuchen	397
Linzer Augen	390
Linzer Spritzgebäck	388
Linzer Torte	374

M
Mailänder Risotto	135
Maisis Gebäck	391
Maisis Gugelhupf	363
Maisis Sachertorte	377
Malakoff	38
Maltesersauce	97
Mandelgebäck	395
Mandelmakronen	387
Mandeltorte	380
Marillenknödel	318
Markklößchensuppe	32
Mayonnaise	101
Meerrettichsauce	89
Mohr im Hemd	353
Mokkaeclairs	325
Muscheln	234

N
Nusstorte	378

Obstkuchen	359	Remouladensauce	102
Ochsenschwanzsuppe	25	Rettichsalat	156
Omelette soufflée	321	Rindercurry	264
Omelette surprise	407	Rinderrouladen	268
Omelettes mit Blattspinat	130	Römische Sauce	98
Orangenchaudeau	347	Rosenkohl	168
Orangengelee	414	Roter Paprikasalat	156
Paprikabrathuhn	241	Salat in Melone	77
Paprika-Rahmschnitzel	255	Salzburger Nockerln	334
Paprika-Tomaten-Gemüse	177	Sandkuchen	362
Pariser Schnitzel	256	Sardelleneier gratiniert	56
Petersilienkartoffeln	202	Sauce béarnaise	94
Pfirsich Melba	405	Sauce Béchamel	84
Pizza Variante I	48	Sauce bolognese	99
Pizza Variante II	49	Sauce hollandaise	93
Pollo arrosto	242	Sauce Mornay	104
Pommes frites	212	Sauce mousseline	97
Pot au feu	34	Sauce suprême	84
		Sauce tartar	106
Ravioli	120	Sauerbraten	263
Rebhuhn	310	Saure Leber	302
Rehkeule	307	Schinkenhörnchen	42
Rehrücken	306	Schinkennudelauflauf	116
Reissalat	161	Schinkensoufflé	51

Schokoladencreme	342		Tomatensalat	154
Schokoladensoufflé	336		Tomatensauce	85
Schwedische Omelettes	129		Truthahn	247
Schweinebraten	274			
Schweinekotelett I	277		**U**ngarischer Karfiol	127
Schweinekotelett II	278			
Schweizer Rösti	203		**V**anillecreme	346
Seeaal Florentiner Art	229		Vanilleeis	400
Seezunge in Weißwein	226		Vanilleeis mit Pistazien	406
Seezungenröllchen gebacken	228		Vanillekipferl	393
Serviettenkloß	215		Vanillesoufflé	338
Spaghetti al sugo	125			
Spanische Tomatensauce	86		**W**einchaudeau	347
Spargel	171		Weißkraut	180
Spargel in weißer Sauce	172		Wiener Schnitzel	257
Spargelcremesuppe	30		Wildschweinrücken	313
Spargelsalat	158		Windbeutel und Profiteroles	323
Spinatsuppe	27		Wirsingblattgemüse	184
Stollen	370			
Süßer Rehrücken	381		**Z**imtsterne	396
Szegediner Gulasch	275		Zitronencreme	344
			Zitronensoufflé	335
Tafelspitz	261		Zucchini	178
Tiroler Sauce	106		Zwetschgenkuchen	331
Tomatencremesuppe	29		Zwiebelsauce	92

LEGENDEN

BILDLEGENDEN

Alfred
Alfred von Schrottenberg/Sachenbacher, verheiratet mit Bessi, verwandt über Sturmfeder

Andrea
Dr. Andrea von Mengershausen, geb. Meyern-Hohenberg, genannt Dreia, Tochter von Maisi

Andreas
Andreas Freiherr von Hertling, Trauzeuge von Hanni Bentzel und Michaela, Tochter von Maisi

Anni
genannt Tante Anni aus Amerika, verheiratet mit Heinrich Freiherr von Sturmfeder

Aya
Aya Prinzessin zu Oettingen, geb. Gräfin von Schönborn, Nichte von Maisi

Bärbel
Bärbel Moos, Freundin von Michaela, Tochter von Maisi

Benedikt
Benedikt Graf von Bentzel-Sturmfeder-Horneck, Sohn von Michaela, Enkel von Maisi

Berthold
Berthold Maria Schenk Graf von Stauffenberg, Sohn von Claus Graf von Stauffenberg, verheiratet mit Mausi, geb. Gräfin Bentzel

Bessi
Bessi von Schrottenberg, verheiratet mit Alfred von Schrottenberg/Sachenbacher

Burgi
Burgi von Mengershausen, Tochter von Andrea und Malte, Nichte von Maisi

Caroline
Caroline Freiin von Bechtolsheim, Tochter von Steffi und Franz, Nichte von Maisi

Christoph
Christoph von Mitschke-Collande, Freund des Hauses Meyern-Hohenberg

Christoph
Christoph von Kraft, Neffe von Maisi

Christian
Christian von Ysenburg, Trauzeuge von Hanni und Michaela von Bentzel-Sturmfeder

Clärchen
Clara Fürstin zu Hohenlohe-Bartenstein, geb. von Meyern-Hohenberg, Schwester von Madeleine und Hans Emich, Mann von Maisi, Schwägerin von Maisi

Claus
Claus Schenk Graf von Stauffenberg, Sohn von Mechthild und Berthold von Stauffenberg, Patensohn von Hanni Bentzel-Sturmfeder-Horneck

Dita
Mathilde von Bomhard, geb. Oldenbourg, Mutter von Maisi

Eyring
Eyring Freiherr von Rotenhan, Schloss Eyrichshof, Nachbarn von Schloss Thurn

Elvira
Elvira Bodechtel, verheiratet mit Professor Bodechtel

Eva
Eva von Mitschke-Collande, Frau von Christoph, Bekannte des Hauses Meyern-Hohenberg

Felix
Felix Graf von Spiegel, verwandt über Sturmfeder-Horneck

Franz
Franz Freiherr von Bechtolsheim, verheiratet mit Steffi, Schwiegersohn von Maisi

Gottfried
Gottfried Schenk Graf von Stauffenberg, Sohn von Mechthild und Berthold von Stauffenberg

Hans Emich
Hans Emich Freiherr von Meyern-Hohenberg, verheiratet mit Maisi

Hanni
Johann Friedrich Graf von Bentzel-Sturmfeder-Horneck, verheiratet mit Michaela, Schwiegersohn von Maisi

Hartmut
Dr. Hartmut Zelinsky, Thurner Hausfreund

Hubertus
Hubertus Graf Bentzel von Sternau und Hohenau, Onkel von Hanni Bentzel-Sturmfeder-Horneck

Inge
Ingeborg Gräfin von Schönborn, geb. von Bomhard, Schwester von Maisi

Ingeborg
Ingeborg Freiin von Rotenhan, verheiratet mit Eyring, Schloss Eyrichshof

Ignaz
Ignaz Freiherr von Maydell, Ehemann von Sylvia, Tochter von Tante Mücki, Schwester von Maisi

Irmgard
Irmgard Gräfin Bentzel-Sturmfeder-Horneck, Mutter von Hanni und Maus, Gegenschwieger von Maisi

Johannes
Johannes Graf von Bentzel-Sturmfeder-Horneck, Sohn von Michaela, Enkel von Maisi

Johannes
Dr. Johannes von Mengershausen, Vater von Malte, Schwiegervater von Andrea, Tochter von Maisi

Jonas
Jonas von Mengershausen, Urenkel von Maisi

Kilian
Kilian Graf von Bentzel-Sturmfeder-Horneck, Sohn von Michaela, Enkel von Maisi

Lexi
Alexander Graf von Schönborn, Sohn von Inge, Schwester von Maisi, Neffe von Maisi

Madeleine
Madeleine Freiin von Meyern-Hohenberg, Schwester von Hans Emich, Mann von Maisi, und Clärchen, Schwägerin von Maisi

Maisi
Maria Freifrau von Meyern-Hohenberg, Mutter von Michaela Bentzel-Sturmfeder, Stefanie Bechtolsheim, Andrea Mengershausen, geb. von Bomhard, Verfasserin des Kochbuchs

Mama Fischer
Mutter von Knut Fischer, Thurner Hausfreund

Malte
Dr. Malte von Mengershausen, verheiratet mit Andrea, Tochter von Maisi, Schwiegersohn von Maisi

Matthias
Matthias Freiherr von Bechtolsheim, Sohn von Franz und Steffi Bechtolsheim, Enkel von Maisi

Maus
Mechthild Gräfin von Stauffenberg, geb. Gräfin von Bentzel-Sturmfeder, Schwester von Hanni

Michaela
Gräfin Bentzel-Sturmfeder-Horneck, geb. Meyern-Hohenberg, genannt Mopsi, Schwester von Andrea und Steffi, Tochter von Maisi

Mum
Irmgard Gräfin Bentzel-Sturmfeder-Horneck, Mutter von Hanni und Mausi, Gegenschwieger von Maisi

Nando
Ferdinand Fürst zu Hohenlohe-Bartenstein, Neffe von Maisi

Nele
Nele von Mengershausen, Schwester von Malte

Niki
Nikolaus Freiherr von Maydell, Sohn von Ignaz und Sylvia Maydell

Opinchen
Gräfin Bentzel von Sternau und Hohenau, Großmutter von Hanni Bentzel

Patin
Mechthild Gräfin von Hardegg, geb. Freiin Sturmfeder-Brandt, Schwester von Mum

Roger
Dr. Roger Brandes, Ehemann von Burgi Mengershausen, Tochter von Andrea

Romy
Romy von Mengershausen, Tochter von Burgi, Urenkelin von Maisi

Ruppi
Ruprecht Freiherr von Bechtolsheim, Sohn von Steffi und Franz, Neffe von Maisi

Sebastian
Sebastian Schenk Graf von Stauffenberg, Sohn von Mechthild und Berthold von Stauffenberg

Steffi
Stefanie Freifrau von Bechtolsheim, Tochter von Maisi, älteste Schwester von Michaela und Andrea

Stephan
Stephan Graf von Bentzel-Sturmfeder-Horneck, Sohn von Michaela, Tochter von Maisi, Enkel von Maisi

Sylvia
Sylvia Freifrau von Maydell, geb. von Bomhard, Nichte von Maisi

Theresia
Theresia Gräfin von Bentzel-Sturmfeder-Horneck, Tochter von Michaela, Tochter von Maisi, Enkelin von Maisi

Thomas
Thomas von Cornides, Neffe von Maisi

Ursi
Ursula Aujou, geb. Freiin von Bechtolsheim, Schwester von Franz

York
York von Kruska, 1. Mann von Elisabeth, genannt Tante Mücki, Schwester von Maisi

ORTSLEGENDEN

Schloss Thurn
Heroldsbach, Ortsteil Thurn, Oberfranken, Deutschland; Grafen Bentzel-Sturmfeder-Horneck

Schloss Mainsondheim
Dettelbach, Ortsteil Mainsondheim, Mainfranken, Deutschland; Freiherren von Bechtolsheim

Sanatorium Tannerhof
Bayrischzell, Oberbayern, Deutschland; Familie von Mengershausen

Haus Rieden
Ehenbichl, Ortsteil Rieden, Außerfern, Tirol, Österreich

Schloss Stetteldorf
Stetteldorf am Wagram, Wienerwald, Niederösterreich, Österreich; Grafen Hardegg

IMPRESSUM

KOCHBUCH FÜR MEINE TÖCHTER

HERAUSGEBER	Ralf Frenzel
	© 2012 Tre Torri Verlag GmbH
	www.tretorri.de
IDEE	Stephan Graf zu Bentzel-Sturmfeder
KONZEPTION & UMSETZUNG	Tre Torri Verlag GmbH, Wiesbaden
GESTALTUNG	Stephan Graf zu Bentzel-Sturmfeder
ART DIRECTION	Gaby Bittner, Wiesbaden

Printed in Germany
Inhalt: 115 g/qm hochweiß Schleipen 1,5 Vol.

ISBN 978-3-941641-75-4

Haftungsausschluss

Die Inhalte dieses Buchs wurden von Herausgeber und Verlag sorgfältig erwogen und geprüft. Dennoch kann eine Garantie nicht übernommen werden. Die Haftung des Herausgebers bzw. des Verlags für Personen-, Sach- und Vermögensschäden ist ausgeschlossen.